Ich liebe mich!

Selbstliebe lernen kann jeder!

In 6 einfachen Schritten zu einem komplett neuen Selbstwertgefühl

***Selbstliebe** ist die Voraussetzung, um die Liebe der anderen annehmen zu können. Warum? Weil: Wenn du dich selbst ablehnst, kannst du anderen nicht glauben, dass diese das Nichtliebenswerte lieben. Du denkst dir, andere wollen dir nur Honig um den Mund schmieren oder wollen etwas von dir.*

GRUNDLAGE VON ALLEM IST SICH SELBST ZUERST LIEBEN ZU LERNEN

Einführung

Lass uns über ein sehr wichtiges Thema sprechen.

Unser Selbstwertgefühl.

Denn unser Selbstwertgefühl beeinflusst alles in unserem Leben!

- unsere Beziehungen zu anderen Menschen
- unser Selbstvertrauen
- unseren beruflichen Erfolg
- unser Glück
- unseren inneren Frieden
- und den Erfolg, den wir in Zukunft erreichen wollen

Es ist auch die Ursache für die meisten psychischen Störungen…

Im Laufe der Jahre habe ich gesehen, wie Menschen Quantensprünge machen und ihre größten Ziele mit nur einer einzigen Anpassung erreichen:

Und das indem Sie „einfach“ ihr Selbstwertgefühl steigerten.

Menschen mit geringem Selbstwertgefühl treffen mit hoher Wahrscheinlichkeit schlechte Entscheidungen bei der Wahl ihrer Partner, Projekte oder Jobs. Sie sind weniger motiviert und erreichen ihre Ziele weniger wahrscheinlich und ihre Leistung ist geringer. Und wenn sie dann Ziele und bzw. oder Erfolge erreichen, können diese es nicht wirklich (langfristig) genießen. Durch das geringe Selbstwertgefühl ist ein ständiges Bedürfnis nach Anerkennung da. Das aber macht sie sehr stark abhängig von der Meinung andere. Zudem fühlen sie sich ständig als Opfer von äußeren Umständen. Außerdem sind diese Menschen sehr hart zu sich selbst und können sehr schlecht mit Kritik umgehen. Nicht verwunderlich, dass ein schlechtes Selbstwertgefühl zu bösen Auswirkungen führen kann.

Natürlich spreche ich gerade im Allgemeinen. Jeder Mensch ist unterschiedlich und muss anders untersucht werden, aber das sind die Merkmale, die sich gewöhnlich bei Menschen mit geringem Selbstwertgefühl zeigen.

Menschen mit einem hohen Selbstwertgefühl hingegen haben das Vertrauen in sich selbst.
Sie erlauben sich zum Beispiel Fehler zu machen, ohne sich selbst schuldig zu fühlen. Sie sind dauerhaft auf der Suche nach neuen Lern- und Wachstumsmöglichkeiten. Sie halten sich für würdig - auch wenn sie kritisiert werden - und haben eine positive Einstellung zu sich selbst und zu anderen. Sie fühlen sich nicht schlecht dabei, wenn sie Fehler oder Schwächen zugeben und leben vollkommen in der Gegenwart. Ein gesundes bzw. Hohes Selbstwertgefühl bedeutet mit sich und seiner Situation zufrieden zu sein.

Wenn man all die dramatischen Auswirkungen von niedrigem und hohem Selbstwertgefühl kennt, stellt sich für jeden von uns die Frage:

„Wie komme ich denn nun auf ein hohes Selbstwertgefühl?“

In den meisten Fällen ist viel Arbeit vor einem. Der Grund dafür ist, dass wir während unserer Kindheit und Jugend vielleicht einschränkende Überzeugungen entwickelt haben, die in unserem Unterbewusstsein verwurzelt sind, und obwohl es Spaß macht, unseren Eltern oder Lehrern oder allen anderen die Schuld für unser geringes Selbstwertgefühl zu geben, hilft es uns nicht wirklich, dieses Problem zu überwinden.
Wir müssen Verantwortung übernehmen und uns bewusst werden, dass wir, egal was in unserer Vergangenheit passiert ist, in der Lage sind, unsere Geschichte neu zu schreiben, ein gesundes Selbstwertgefühl aufzubauen. Das Beste ist:

Es gibt keine Geheimnisse. Es verändert die Meinung, die du über dich selbst hast, indem es die Überzeugungen, die du über dich selbst, dein Leben, deine Fähigkeiten und deinen inneren Wert verändern, und das Buch, das du in Ihren Händen hältst, wird dir dabei helfen.
Es wird dir helfen, schädliche Überzeugungen wie "Ich bin ein hilfloses Opfer und habe keine Macht über das, was in meinem Leben passiert", "Ich bin nicht gut genug", "Ich verdiene keine guten Dinge in meinem Leben", "Es gibt etwas Schlechtes in uns allen" loszuwerden.

Wenn du dir die Mühe und Zeit machen, an deinem Selbstwertgefühl zu arbeiten, werden die Belohnungen
großartig sein:

- Höheres Selbstvertrauen
- bessere soziale Beziehungen,
- bessere Arbeitsbeziehungen und einfach Frieden mit dem Leben zu schließen sind einige davon.
- Kritik von anderen wird dich nicht mehr stören.
- Du wirst deine Gedanken, Gefühle, Werte und Meinungen frei ausdrücken können, weil dein Selbstwert nicht mehr von der Akzeptanz anderer kommt.
- Du wirst besser in der Lage sein, mit Schwierigkeiten, Angst, Depressionen und den unvermeidlichen Härten, die auftreten, umzugehen.

- Du wirst einfach mehr Glück und Freude in allen Bereichen deines Lebens erfahren.
  Klingt super, oder?

Wie benutzt du dieses Buch?

Es gibt viele verschiedene Möglichkeiten, dieses Buch zu nutzen. Lies vorerst das ganze Buch durch und lerne die Konzepte kennen. Einige von ihnen werden leicht zu akzeptieren bzw. zu mögen sein, andere werden schwieriger zu akzeptieren sein.

Aber mache dir keine Sorgen. Du bist nicht der einzige, dem das passiert.

Nachdem du es das erste mal gelesen hast, lese das Buch ein zweites Mal und fange an damit zu arbeiten.
Du kannst am Anfang beginnen und eine Übung nach der anderen machen, oder einfach die Übungen, die dir am besten gefallen, zuerst machen. Arbeite das Buch in deinem Tempo durch und lasse dich nicht von der Einfachheit der Übungen täuschen. Obwohl viele Konzepte und Ideen recht einfach sind, können sie dein Leben deutlich verbessern.
Wie auch immer, reicht es nicht aus, das Buch nur zu lesen. Wenn du dein Selbstwertgefühl verbessern willst, musst du auch etwas an Arbeit investieren. Ich verspreche dir aber, dass es sich lohnen wird.

Mein Tipp an dich:

Arbeite vor allem an dem, was dir am wenigsten gefällt. Ja, du hast richtig verstanden. Arbeite am meisten an den Konzepten, die dir am allerwenigsten gefallen. Bei denen dein Verstand sagt: "Auf keinen Fall. Das gilt nicht für mich." Oft sind die Dinge, die man lernen muss, genau die, die man am wenigsten lernen will, die, die man zuerst ablehnt. Es ist eine Sache des Geistes. Lass uns deine Reise beginnen, um dein Selbstwertgefühl zu steigern... **Los geht's!**

- Teil I -

Du hast die Kontrolle

1 - Übernehme die volle Verantwortung für dein Leben.

Lies jetzt genau. Dies ist eine der wichtigsten Lektionen für dein Selbstwertgefühl in diesem ganzen Buch:
Wenn die Dinge nicht so laufen, wie wir wollen, machen wir oft schnell Gott, das Universum oder andere Menschen dafür verantwortlich. Es tut mir leid, dass ich derjenige sein muss, der dir das sagen muss: Es gibt nur eine Person, die für dein Leben verantwortlich ist, und das bist DU! Nicht dein Chef, nicht dein Ehepartner, nicht deine Eltern, nicht deine Freunde, nicht deine Kunden, nicht die Wirtschaft, nicht das Wetter, nicht der Präsident.

NUR DU!

Es ist beängstigend, aber gleichzeitig auch befreiend. An dem Tag, an dem du aufhörst, anderen die Schuld für alles zu geben, was in deinem Leben passiert, kann sich alles ändern. Wenn du die

Kontrolle über dein Leben übernimmst und die volle Verantwortung dafür übernimmst, werden sich deine Beziehungen immens verbessern. Verantwortung für dein Leben zu übernehmen, bedeutet, die Kontrolle über dein Leben zu übernehmen. Anstatt ein Opfer der Umstände zu sein, erhalte die Macht, deine eigenen Umstände zu schaffen oder zumindest die Macht, zu entscheiden, wie du dir angesichts der Umstände, die dir das Leben präsentiert, verhalten wirst.

Dadurch spielt es keine Rolle mehr, was mit dir in deinem Leben passiert, sondern welche Haltung du angesichts der Situation einnehmen wirst. Und die Haltung, die du einnimmst, ist auch deine Wahl. Wenn du deine Lebenssituation auf andere schiebst, gibst du deine Macht ab und bist auf die Handlungen anderer angewiesen, um dein Leben zu verbessern - und das, mein/e Freund/in, sage ich dir, wird nicht passieren. Wenn du die volle Verantwortung übernimmst, hast DU die Macht, die Dinge zu ändern, die dir in deinem Leben nicht gefallen.
Du hast die Kontrolle über deine Gedanken, Handlungen und Gefühle. Du hast die Kontrolle über deine Worte, die Serien, die du im Fernsehen siehst, und die Menschen, mit denen du deine Zeit verbringst. Wenn du dein Ergebnisse nicht magst,

ändere deinen Input - deine Gedanken, Emotionen und Erwartungen.

2 - Hör auf zu jammern

Beklagst du dich ständig? Wenn ja - bitte ich dich dringend, es **sofort** zu beenden. Klagen ist absolut nutzlos und bringt dir keinerlei Vorteile. Wenn es den geringsten Nutzen hätte, würde ich dich ermutigen, dich weiter zu beschweren, aber das hat es nicht. Es geht um mehr. Die meisten Leute, bei denen du dich beschwerst, interessiert es wahrscheinlich nicht, und es könnte sogar einige geben, die sich freuen, dass es dir nicht so gut geht. Diese fühlen sich dadurch besser und nicht so unglücklich in ihrer eigenen Haut.

Klagen und das damit verbundene Selbstmitleid sind nicht sehr attraktiv. Also, anstatt sich über etwas zu beschweren, frage dich s, wie du es verbessern kannst.

Bist du mit deinem Gewicht nicht zufrieden?

Fange an, eine halbe Stunde am Tag zu laufen oder dich zu bewegen und gesünder zu essen.

Keine Zeit, deinen Träumen zu folgen?
Stehen Sie eine Stunde früher auf und mache ein Morgenritual.

Nicht zufrieden mit deinem Leben?
Hör auf, deine Eltern, deinen Chef, die Regierung oder die Wirtschaft zu beschuldigen und übernimm die volle Verantwortung.

Hör auf mit den giftigen Gewohnheiten, dich zu beschweren und äußeren Faktoren die Schuld dafür zu geben, dass du im Moment kein zufriedenstellendes Leben führst, und beginne, das Leben zu leben, das du willst. Fange an, deine Träume zu verwirklichen. Es wird nicht leicht sein, aber es ist definitiv machbar.
Höre auf, dich über "die Umstände" zu beschweren und fange an, deine eigenen Umstände zu schaffen. So viele Menschen haben es vor dir getan bzw. geschafft, dann schaffst du das auch!

3 - Treffe deine eigenen Entscheidungen

Ist es nicht erstaunlich, dass manche Menschen immer genau wissen, was DU in einer bestimmten Situation tun solltest? Sie sind immer bereit, dir Ratschläge zu geben, auch wenn du nicht danach fragst, was wahrscheinlich die meiste Zeit der Fall ist. Es wird noch schlimmer, wenn dein eigenes Leben nicht mit ihrem Gerede übereinstimmt. Zum Beispiel eine fettleibige Person, die dich über gesunde Ernährung berät, eine bankrotte Person, die dich über Finanzen berät oder eine Person, deren Familienleben ein Chaos ist, die dich berät, wie du ein großartiges Familienleben führen kannst.

Die Liste geht ins unendliche weiter. Der einzige Ratschlag, den ich von Leuten annehmen würde ist: "Mach das Gegenteil von dem, was ich tue.“

Ich habe es zu einer goldenen Regel in meinem Leben gemacht, nur Ratschläge von Menschen anzunehmen, die bereits erreicht haben, was ich will. Lustigerweise sind das diejenigen, die einen nicht mit Ratschlägen belästigen, aber wenn man sie danach fragt, antworten sie gerne. Sie drängen dir ihren Rat nicht auf. Eines ist jedoch klar. Du musst deine eigenen Entscheidungen treffen. Was für andere Menschen funktioniert, funktioniert nicht garantiert für dich, und du müssen es vielleicht ein wenig an Ihrer Persönlichkeit und Ihren Gewohnheiten ausrichten.

Ein gutes Beispiel ist dieses Buch, das du in deinen Händen hältst. Eine Sammlung von hundert Dingen, die den Menschen geholfen haben, ihr Selbstwertgefühl zu steigern. Du musst damit spielen und ausprobieren, wie einige dieser 100 Wege für dich funktionieren, und dann die, die für dich am besten funktionieren, weiter üben. Zwei oder drei davon sollte schon den größten Teil der Arbeit erledigen. Nach und nach fügst du weitere zwei oder drei hinzu und so weiter. Das Problem mit anderen Leuten, die Entscheidungen für dich treffen, ist, dass die Chancen stehen, dass die Dinge so laufen, wie sie wollen und nicht wie du - und noch schlimmer, wenn du immer andere Leute Entscheidungen für dich treffen lässt, wirst du nie lernen, deine eigenen Entscheidungen zu treffen. Ein guter Trick ist, sich die Meinungen anderer Leute anzuhören, genau zuzuhören und dann eigene Entscheidungen zu treffen. Zum einen, weil nur du deine persönliche Situation kennst und zum anderen, weil du letztlich auch mit den Konsequenzen umgehen musst - egal, wer dich überhaupt erst beraten hat. Deine Entscheidungen werden nicht immer perfekt sein - und das müssen sie auch nicht. Aber wie ich schon sagte, es ist viel besser, seine eigenen Fehler zu machen und aus ihnen zu lernen, als immer das zu tun, was andere Leute von dir wollen, richtig?

Eigene Entscheidungen zu treffen hat nur Vorteile für dich!

4 - Hör auf zu „Lästern"

Auf dem Weg zu einem gesünderen Selbstwertgefühl ist es unvermeidlich, dass du die giftige Gewohnheit des Lästerns loslassen solltest. Während es am Anfang verlockend sein mag, die neuesten Gerüchte über jemanden zu hören, frage dich vielleicht, was die Person, die dir die Gerüchte erzählt, über dich zu sagen hat, wenn du nicht im Raum bist.

Dasselbe passiert, wenn du derjenige bist, der die schmutzigen kleinen Geschichten verbreitet. Deine

Zuhörer könnten sich fragen, was du wohl so hinter ihrem Rücken über sie erzählst.

Wie kannst du mit Tratsch umgehen, wenn er auftaucht? Wechsel das Thema. Sage einfach zum Beispiel sowas wie:

"Oh, ich würde lieber von dir hören, was in deinem Leben aktuell so passiert." oder

"Tut mir leid, aber ich rede nicht gern über Leute, die nicht anwesend sind."

5 - Ehre deine richtigen Entscheidungen

Wir sind so schnell dabei, uns wegen ein oder zwei Dingen zu quälen, die schiefgegangen sind, wegen ein oder zwei schlechten Entscheidungen.

Aber was ist mit all den Dingen, die wir erreicht haben? Was ist mit all den richtigen Entscheidungen?

Anstatt sich über Fehler der Vergangenheit zu quälen - die man nicht mehr ändern kann, egal wie sehr man sich selbst quält - konzentriere dich auf all deine Erfolge und feiere deine richtigen Entscheidungen.

Was sind die großen Dinge, die du bisher in deinem Leben erreicht hast?

Zunächst einmal bist du noch am Leben, also musst du etwas richtig gemacht haben. Was noch?

Hast du die Mittel-, Realschule oder das Gymnasium abgeschlossen?

Vielleicht bist du um die Welt gereist und hast viele tolle Freunde?

Hast du wunderbare Kinder großgezogen?

Ja. Die Überwindung großer persönlicher Rückschläge oder eine schlechte Kindheit sind auch große Leistungen, die gewürdigt werden sollten.

Welche Herausforderungen hast du gemeistert? Von welchen Rückschlägen hast du es geschafft dich zu erholen? Welche Erfolge hast du erreicht? Jetzt ist es an der Zeit, zurückzuschauen und sie zu feiern.
Je mehr du deine bisherigen Erfolge anerkennst, desto mehr wir das dein Selbstwertgefühl stärken.

6 - Glaube an dich!

Der allererste Schritt um dein Selbstwertgefühl zu steigern, ist der feste Glaube an dich selbst. Du musst einen unerschütterlichen Glauben an dich selbst erschaffen, denn
eines ist klar:

Wenn du nicht mal an dich selbst glaubst, wie sollen dann andere Menschen an dich glauben? Übernimm die Verantwortung für deine Überzeugungen und auch für dein Selbstverständnis. Niemand, ja Niemand kann das besser als du selbst! Fang an, den Glauben an deinen persönlichen Wert, dein Talent und auch dein Potenzial zu stärken. Und dazu habe ich großartige Neuigkeiten für dich: **Selbstvertrauen kann man lernen!**

Es mag etwas Zeit und Training erfordern, aber du kannst es lernen.

Wie baut man den Glauben auf? Mit Wiederholung! Mache Affirmationen - auch wenn du anfangs nicht daran glauben solltest. Wenn Affirmationen nicht funktionieren, weil Ihr innerer Kritiker noch zu mächtig ist, mache unterschwellige Bänder oder Hypnose. Affirmationen sind Fragen. Anstatt zu sagen "Ich habe einen unerschütterlichen Glauben an mich selbst und meine Fähigkeiten", dem dein innerer Kritiker mit "Nein, hast du nicht, du bist ein Verlierer und wirst es immer sein" entgegnen könnte, solltest du dich fragen "Warum habe ich einen so unerschütterlichen Glauben an mich selbst? Warum funktioniert alles, was ich tue?", und...

So bringst du deinen inneren Kritiker langsam zum Schweigen.

7 - Höre auf, andere für deine Probleme zu beschuldigen

Höre auf, anderen die Schuld für das zu geben, was du hast oder nicht hast, für das, was du fühlst oder nicht fühlst. Anderen die Schuld zu geben, bringt dir wirklich nichts und ärgert dabei jeden um dich herum. Akzeptiere einfach, dass du für dein eigenes Selbstwertgefühl zu 100% selbst verantwortlich bist. Du kannst deinen Eltern, deinen Lehrern, gescheiterten Beziehungen, der Regierung, deinem Ex-Boss die Schuld geben, aber die einzige Person, die für den Aufbau deines Selbstwertgefühls von heute an verantwortlich ist, bist wie gesagt zu 100% du selbst.

Wenn du anderen die Schuld für Dinge gibst, die in deinem Leben passieren, gibst du ihnen damit auch die volle Macht über dein eigenes Leben. So wirst du zum Opfer mit dem Glaubenssatz, dass nur "die anderen" die Situation in Ordnung bringen können.

D.h. Die Menschen um dich herum müssten sich ändern. Und da muss ich dich enttäuschen: das wird nicht passieren.

Höre auf, deine Macht über dein Leben zu verschenken und übernimm die Verantwortung dafür selbst. Anderen die Schuld zu geben, ist nur eine andere Art, Ausreden für dein trauriges Leben zu finden. Ein erfolgreiches Leben auf Ausreden aufzubauen ist unmöglich.

Du bist der einzige, der für deine Entscheidungen verantwortlich ist, und die meisten Dinge, die in deinem Leben geschehen, sind Konsequenzen vergangener Handlungen oder Entscheidungen. Übernimm die Verantwortung und mach weiter. Wenn das Problem von außen kommt - von den anderen verursacht - kann es nur von außen gelöst werden. In diesem Fall kannst du nicht zur Lösung beitragen. Aber dafür ich habe ich auch eine Goldregel:

Für jedes Problem, welches von außen auf mich zu kommt und mein Leben in den nächsten 5 Jahren nicht beeinflussen wird, verschwende ich auch nur maximal 5 Minuten an Gedanken.

Wenn aber die Lösung des Problems in deinen Händen liegt, dann kannst du es auch lösen.

8 - Hör auf andere zu kritisieren

Was **du nicht willst**, dass **man dir** tu', das füg auch keinem andern zu.

Magst du es, kritisiert zu werden? Meine Vermutung ist nein.

Widerstehe mit allen Mitteln der Versuchung der Kritik. Es ist ein gefährliches „Hobby". Es kann dir Befriedigung, Spaß oder sogar das Gefühl der Überlegenheit geben, aber auf lange Sicht kann es dich einige Freunde kosten, und du könntest dir sogar einige Feinde damit schaffen. Es ist nämlich eine der Gewohnheiten von giftigen Menschen, die man nicht um sich herum haben will, was bedeutet, wenn man viel kritisiert, wollen die Leute eines Tages vielleicht nicht mehr, dass man in ihrer Nähe ist.

Es ist gefährlich, sich die ganze Zeit auf die Schwächen anderer zu konzentrieren. Du könntest Dich so sehr an diese Perspektive gewöhnen, dass Du Dich eines Tages sogar gegen Dich selbst positionierst.

Die Negativität, die du verbreitest, wird dein eigenes Glück und das Glück der Menschen um dich herum beeinträchtigen. Hör auf, dir über andere Leute Gedanken zu machen und
konzentriere dich voll und ganz auf dich selbst.

9 - Hör auf zu urteilen

Immer wenn du jemanden verurteilst, verurteilst du dich nur selbst!

Die Dinge, die dich an anderen am meisten stören, sind eigentlich die Dinge, die dich an dir selbst am meisten stören.

Lerne also besser aus den Dingen, die dich bei anderen stören.

10 - Schuldgefühle aufgeben

Schuld ist eine der Emotionen, die eine zerstörerischere Kraft haben. Und das Schlimmste ist, dass so viele Menschen auf dieser Welt damit beladen sind.

Man könnte tatsächlich ein ganzes Buch nur über die Nutzlosigkeit dieser Emotion schreiben. Es wäre kein Problem, wenn wir uns für ein paar Minuten schuldig fühlen könnten und dann mit unserem Leben weitermachen könnten, aber leider leben viele von uns mit chronischer Schuld. Wir fühlen uns die ganze Zeit schuldig für alles, was unser Selbstwertgefühl stark beeinträchtigt. Erstens konzentrieren sich alle Schuldgefühle auf deine Fehler, statt auf all die Dinge, die du gut machst, und zweitens könnte das schmerzhafte Schuldgefühl tatsächlich dazu führen, dass du an dir selbst als Person zweifelst, was giftig für dein Selbstwertgefühl ist. Warum fühlen wir ständig so?

Weil wir von Anfang an von unserem ganzem Leben darauf konditioniert sind, uns schuldig zu fühlen. Bewusst oder unbewusst, seit unserer Kindheit haben unsere Familie, Freunde, die Gesellschaft, die Schule, unsere Lieben und die Religion unsere Schuldgefühle genährt und sie durch das Belohnungs- und Strafsystem durchgesetzt.

Als Kinder haben uns alle ständig an unser schlechtes Verhalten erinnert und uns mit anderen Kindern verglichen, die sich so viel besser benommen haben. Die Schuld wurde benutzt, um uns zu manipulieren. Die besten Manipulatoren wissen, dass, wenn man einer Person nur ein Gefühl von Schuld gibt, sie dazu manipuliert werden kann, einfach alles zu tun, um wieder auf gute Bedingungen zu kommen. Ihre Waffe der Wahl waren Phrasen wie: "Was werden die Nachbarn denken?" "Du hast uns blamiert!" "Du hast uns enttäuscht!" "Wo sind deine Manieren?" Unsere Lieben benutzten den allgemeinen Satz "Wenn du mich wirklich lieben würdest, würdest du __________".

Das Schlimme ist, dass diese Art der Behandlung über eine gewisse Zeit hinweg dazu führt, dass wir uns schuldig fühlen, auch wenn wir nichts Schlimmes getan haben. Außerdem war Schuld lange Zeit mit Fürsorge verbunden.

Wenn man sich wirklich sorgt, muss man sich schuldig fühlen, und wenn man sich nicht sorgt und

nicht schuldig fühlt, ist man ein schlechter Mensch. Nichts ist weiter von der Wahrheit entfernt.
Schuld zeigt sich auf viele Arten. Es gibt Eltern-Kind-Schuld, Kind-Eltern-Schuld, Schuld durch Liebe, von der Gesellschaft inspirierte Schuld, sexuelle Schuld, religiöse Schuld und die destruktivste Form von Schuld: selbst auferlegte Schuld. Letztere bezieht sich auf die Schuld, die wir uns selbst auferlegen. In vielen Fällen versuchen wir, durch Schuldgefühle zu zeigen, dass es uns leid tut, was wir getan haben, aber was wir tatsächlich tun, ist, uns für etwas zu quälen, das wir getan haben und nicht mehr ändern können. Am Ende sagen wir, was die Leute von uns wollen, tun, was sie von uns wollen und passen uns an, um anderen zu gefallen, was dazu führt, dass wir immer einen guten Eindruck machen müssen.

Um es zusammenzufassen:
Schuldgefühle dienen dir überhaupt nicht; sie verursachen dir nur echten emotionalen Schaden.Höre jetzt mit der Schuldimitation auf. Es ist das Beste, was du für dich tun kannst. Schuld hält dich in deiner Vergangenheit gefangen und hält dich davon ab, in der Gegenwart zu handeln. Es gibt einen großen Unterschied zwischen sich schuldig fühlen und aus den Fehlern lernen. Schuld bringt

immer eine Bestrafung mit sich, die in vielen Formen auftreten kann, darunter Depressionen, Gefühle der Unzulänglichkeit, mangelndes Selbstvertrauen, schlechtes Selbstwertgefühl und die Unfähigkeit, sich selbst und andere zu lieben.
Das Gute daran ist, dass du dich umso weniger schuldig fühlen wirst, je mehr wir an deinem Selbstwertgefühl und deiner persönlichen Authentizität arbeiten. Also merke dir, wann immer du dich schuldig fühlst, dass es eine unnötige Emotion ist, und lerne aus dem Fehler. Das ist alles.

11 - Höre nicht auf deinen inneren Kritiker

Der schlimmste Feind und zugleich der beste Freund eines Menschen ist derjenige, dem man in die Augen sieht, wenn man in den Spiegel schaut.

Ja man ist es selbst.

Und derjenige der das alles steuert sitzt genau zwischen deinen Ohren und wird auch als Ihr Gehirn oder dein Verstand bezeichnet.

Niemand auf diesem Planeten oder gar diesem Universum wird jemals ein härteres und strengeres Urteil über dich fällen als du selbst. Um ein gesundes Selbstwertgefühl zu entwickeln, musst du also deinen inneren Kritiker zähmen.

Diese kleine verdammte Stimme (entschuldige mich für den Ausdruck), die immer wieder auf deine Fehler hinweist und dein Selbstwertgefühl zerschlägt und dich damit immer wieder runterzieht, wenn etwas schief läuft. Diese innere Stimme, die dir immer wieder sagt: "Ich hätte es tun sollen..." "Warum habe ich nicht..." oder "Was stimmt nicht mit mir?", "Ich bin nicht gut genug" und so weiter und so fort.
Das Schlimme ist, dass man vor dieser Stimme nicht weglaufen kann.

Das Gute ist, man kann sie zähmen; es ist schwierig, sie zu beruhigen, also muss man sich ihr direkt stellen und lernen, sie in Schach zu halten. Höre dir das negative Selbstgespräch an, aber kaufe es nicht ab. Höre mehr auf die andere innere Stimme, die dich immer unterstützt, die dich versteht und die an dich glaubt. Die eine, die mitfühlend, freundlich und liebevoll ist und dich immer ermutigt und motiviert.

Wenn du an etwas arbeitest und plötzlich anfängst zu zweifeln oder fühlst, wie deine Energie nachlässt. Wenn du feststeckst, gelangweilt oder der Aufgabe überdrüssig bist, dann fängt dein innerer Kritiker an, zu dir zu sprechen. Höre zu, aber nimm ihn oder sie nicht ernst. Widersetze dich nicht.
Reagiere auf das negative Selbstgespräch mit "Na und?", "Na und?", "Na und!", "Du langweilst mich", „Gehe einfach weg und lass mich meine Arbeit machen." Dann machst du weiter, was du tust, egal was der innere Kritiker sagt und tauchst weiter ein. Je mehr du dir deines inneren Kritikers bewusst bist, desto weniger kann er oder sie dich verletzen. Identifiziere den Richter. Sobald du ihn oder sie identifiziert hast, wirst du auch wissen, was du tun musst, um es aus deinem Kopf herauszubekommen.

Die gute Nachricht ist, dass je mehr du an deinem Selbstwertgefühl mit Affirmationen, dem Feiern deiner vergangenen Erfolge, Meditation und anderen Techniken arbeiten, desto tiefer wird die Stimme. Ein dauerhaftes Selbstwertgefühl entsteht, wenn man sich selbst kennt. Zu wissen, wer du wirklich bist und es zu akzeptieren.
Lasse nicht zu, dass dein innerer Gremlin dich deiner Güte beraubt, an deinem Wert oder deinem Talent zweifelt.

12 - Den Wettbewerb beenden

Auch wenn es manchmal so wirkt, ist das Leben kein Wettbewerb. Deine einzige Konkurrenz ist die Person die du gestern gewesen bist.

Es geht im Leben nicht darum, andere zu schlagen bzw. zu übertreffen.

Es geht darum, mit sich selbst zufrieden zu sein und sich jeden Tag aufs Neue zu verbessern.

Vernichte das ständige Bedürfnis dich mit anderen messen zu müssen. Man hat uns glauben lassen, dass Wettbewerb gesund ist, dass Wettbewerb notwendig ist, dass Wettbewerb uns Sinn, Zweck und Richtung gibt. Nun. Das stimmt nicht.

Wenn man sich seiner selbst und seiner Fähigkeiten sicher ist, hat man dann das Bedürfnis, sich zu messen? Musst du besser sein als alle anderen?

Eine Person mit hohem Selbstwertgefühl hat nicht das Bedürfnis, sich zu messen; sie braucht nicht besser zu sein als jeder andere, sie braucht keine Bestätigung von außen. Diese brauchen nicht einmal eine Belohnung für gute Arbeit - weil sie wissen, dass sie ihr Bestes geben und weil sie wissen, dass es nicht um das Ergebnis geht, sondern um die Reise.

Ein Mensch mit hohem Selbstwertgefühl erkennt sein Potenzial für das, was es ist, und strebt nach Exzellenz in seinem Leben. Der einzige Wettbewerb ist der mit sich selbst. Das Ziel ist ein größeres persönliches Wachstum und das Erreichen von Exzellenz in allem, was sie tun wollen.
Werde genau diese Person. Höre auf zu wetteifern.

13 - Halte dein Wort

Dein Wort zu halten, ist eine Möglichkeit, dein Selbstwertgefühl zu stärken, das von den meisten Menschen völlig ignoriert wird.

Jede Verpflichtung, die du eingehst, auch die gegenüber anderen Menschen, ist letztlich eine Verpflichtung gegenüber dir selbst. Wenn du deine eigenen Verpflichtungen und Versprechen nicht einhalten kannst, wirst du langsam das Vertrauen in dich selbst verlieren. Du zahlst damit einen hohen

psychologischen und emotionalen Preis, wenn du lügst, betrügst oder einfach unehrlich bist. Du sendest dir damit unterbewusst die Botschaft:
"Mein Wort ist nichts wert. Daher bin ich nichts wert".

Übererfülle alles, was du tust, und mache ja keine Versprechungen, die du selbst nicht halten kannst.

Sei da, wenn du sagst, dass du dort sein wirst.
Wenn du sagst, dass du etwas fühlst, meinst du es auch so.
Tu, was du sagst, dass du tun wirst.

Lüg nicht. Wenn du entdeckst, dass du etwas nicht tun kannst, willst oder nicht tust, dann sag den Leuten sofort die Wahrheit.

Anstatt Versprechungen zu machen, die du nicht erfüllen kannst, Größe zu versprechen und dann Mittelmäßigkeit zu liefern, tun das Gegenteil:

Unterversprechen und Überlieferung.

Das steigert deinen persönlichen Wert nicht nur in den Augen der anderen, sondern auch in den Augen deines schärfsten Kritikers. Dir selbst. Außerdem wirst du den Menschen ein großartiges Gefühl geben, weil es so aussieht, als würdest du die Erwartungen übertreffen und jedes Mal die Extra-Meile gehen.

14 - Maßnahmen ergreifen. Mache es möglich

Schon Johann Wolfgang von Goethe wusste vor Hunderten von Jahren:

"Was immer du tust oder träumst, du kannst es beginnen. Kühnheit hat Genie und Kraft und Magie in sich."

Handeln, Dinge geschehen zu lassen, ist eines der Geheimnisse für Erfolg und Glück im Leben. Es reicht nicht aus, nur über seine Träume, Pläne und Ziele zu sprechen. Es sind die Ergebnisse, die zählen, und ohne Handeln gibt es keine Ergebnisse.
Der größte Unterschied zwischen Menschen, die ihre Ziele erreichen, und Menschen, die stecken bleiben, ist HANDELN. Menschen, die ihre Ziele erreichen,

sind Macher, die konsequent handeln. Wenn sie einen Fehler machen, lernen sie daraus und machen weiter; wenn sie abgelehnt werden, versuchen sie es noch einmal.

Sei ein Macher. Wenn du wirklich, wirklich etwas willst, dann musst du dir die Chance ergreifen, um es dir zu verdienen.

15 - Hör auf zu reden, fang an zu tun

Ein weiteres Zitat. Jetzt aber von C.G. Jung:

"Du bist, was du tust, nicht das, was du sagst, dass du tun wirst."

Es gibt zu viele Menschen, die die Welt verändern wollen, aber nie einen Stift in die Hand genommen haben, um ein Buch oder einen Artikel zu schreiben oder etwas zu unternehmen. Es ist viel einfacher, sich über unsere Politiker zu beschweren, als eine politische Karriere zu starten oder in der Politik aktiv zu werden.

Dein Leben liegt in deinen Händen, also fang an deine Ideen zu verwirklichen! Du musst dich nicht sofort den größten Herausforderungen stellen. Wenn du täglich konsequent kleine Dinge tust, kannst du bereits großartige Ergebnisse erzielen.

Traue dir, die Dinge zu tun, die du willst, und du wirst die Kraft finden, sie zu tun. Und auf jeden Fall:

STARTE JETZT!

Denke unbedingt daran: Taten sagen viel mehr als Worte. Menschen, die nur darüber reden, was sie tun werden und nicht ihren Worten folgen, bleiben stecken. Aber was noch schlimmer ist, das kann dein Selbstwertgefühl stark beeinträchtigen. Jedes Mal, wenn du etwas sagst und es nicht tust, leidet dein Selbstwertgefühl. Es muss eine Übereinstimmung geben zwischen dem, was wir sagen und dem, was wir tun. Wenn wir kommunizieren, aber dem, was wir sagen, nicht nachgehen, kommunizieren wir hauptsächlich mit uns selbst: "Was ich sage, ist nicht wichtig. Es ist unwichtig“.

Warte nicht länger. Der richtige Moment kommt nie.

Tu, was Martin Luther King jr. sagte:

"Mach den ersten Schritt im Glauben. Du musst nicht die ganze
Treppe sehen, mach einfach den ersten Schritt."

16 - Höre auf Sachen hinauszuzögern

Während die einen vom Erfolg träumen, wachen andere früh auf und arbeiten hart dafür. Oftmals haben wir einen Widerstand gegen Aktion und Veränderung, wenn wir diese beiden am meisten brauchen.

Man braucht ein bisschen Disziplin, aber die Belohnung, wenn man aufhört, um Dinge aufzuschieben, ist enorm.

Dinge aufzuschieben macht sie schwieriger und beängstigender. Es gibt nichts Schlimmeres und Stressvolleres als das Verweilen bei unerledigten Aufgaben. Es ist wie ein zusätzliches Gewicht auf deiner Schulter, das dir keine Freude an dem macht, was du tust. Höre konsequent auf, Dinge aufzuschieben. Das verursacht nur Angst. Meistens wirst du feststellen, dass die Dinge, die du ständig aufgeschoben hast, eigentlich recht schnell erledigt werden können, mit dem Vorteil, dass du dich danach um einiges leichter fühlst und es vergessen kannst. Oftmals ist die Ursache für das Zögern die Angst. Angst vor Ablehnung, Angst vor dem Versagen, sogar Angst vor dem Erfolg. Eine andere Quelle ist das Gefühl, überfordert zu sein.

Das Geheimnis, um anzufangen, ist einfach. Fang an. Fang einfach an. Normalerweise baut man durch den Anfang genug Schwung auf, um weiterzumachen. Konzentriere dich einfach auf den ersten Schritt. Beginne mit einem kleinen ersten Schritt. Und dann einen weiteren. Und noch einen. Diese kleinen Schritte führen schnell zu Ergebnissen. Der einzige Unterschied zwischen Menschen, die ihre Ziele erreichen, und Menschen, die sie nicht erreichen, zwischen erfolgreichen und erfolglosen Menschen, ist eines: Handeln.

Also fang an! Tu es jetzt. In einem Jahr wirst du es dir sowas von danken, dass du heute begonnen hast.

Wenn du es versuchen solltest eine Aufgabe hinauszuzögern, frage dich: "Welchen Preis werde ich dafür zahlen, dass ich diese Aufgabe hinauszögere?“

Die beste Zeit, um zu starten, ist immer JETZT!

- Teil II -

Die Innere Arbeit

1 - Sich selbst erkennen

Alles beginnt damit, sich selbst zu kennen. Es ist *"der Anfang aller Weisheit".*

Der erste Schritt, um mit der Arbeit an deinem Selbstwertgefühl zu beginnen, ist, sich selbst zu kennen. Finde deine Wünsche, deine Werte, deine Meinungen über die Welt, die Menschen, die dich umgeben, und vor allem deine Meinung über dich selbst heraus.

Meistens werden diese Meinungen und Werte durch unsere Erziehung beeinflusst, so dass es schwierig ist zu unterscheiden, ob sie wirklich unsere sind, oder ob sie uns von unserer Familie, Kirche, Kultur oder Gesellschaft "aufgezwungen" wurden.
Was auch immer der Fall ist, woher sie auch kommen, ohne etwas Arbeit in das Kennenlernen unserer selbst zu stecken, werden wir es nicht herausfinden. Es ist notwendig, unsere Richtung zu finden, unseren eigenen Weg, dem wir folgen

müssen, und schließlich unseren Zweck. Schiebe diese wichtige Arbeit nicht auf, wie ich es viele Jahre lang getan habe. Sobald ich anfing, mich selbst zu kennen, verbesserte sich mein Leben über meine Vorstellungskraft hinaus.

Die folgenden Fragen können dir helfen, dich selbst besser kennen zu lernen. Beantworte sie ehrlich.

- Was treibt dich im Leben an?

- Was wünschst du dir?
- Arbeitest du daran, deine größten Wünsche zu verwirklichen?
- Was machst du wirklich, wirklich gerne?
- Was tust du ungern?
- Tust du Dinge in deinem Leben, die dir nicht gefallen? Was denn?
- Was sind deine Stärken?
- Was sind deine Schwächen?

Das ist deine Aufgabe. Frag nicht nach der Meinung anderer Leute. Vergleichen dich nicht mit anderen, vergleichen dich nur mit dir selbst und wie du dich verbessert hast und frage dich, wie du dich weiter verbessern kannst.

Gehe Risiken ein. Mache Fehler. Fang an, kleine Entscheidungen ohne die Hilfe oder den Rat anderer zu treffen. Fang an, dich das "Warum" der Dinge zu fragen und untersuche bestimmte Einstellungen von dir oder anderen.

2 - Liebe dich selbst zuerst

Du willst dein Selbstwertgefühl *schnell* erhöhen? Lerne, dich selbst zu lieben. Selbstliebe ist eine der Säulen des Selbstwertgefühls. Wenn die Selbstliebe wächst, wächst auch das Selbstwertgefühl. Das Problem ist, dass die Selbstliebe in unserer Gesellschaft zum Synonym für Egoismus, Arroganz und Narzissmus geworden ist - **das ist absoluter Müll.**

Arroganz und Narzissmus sind kein Zeichen von Selbstwertgefühl, sondern ein klarer Indikator für einen Mangel an Selbstwertgefühl. In diesem Kapitel werden wir über wahre Selbstliebe sprechen.

Vergiss alles, was deine Eltern, Lehrer und Priester dir gesagt haben, bleibe offen und tauche in dieses Kapitel der Selbstliebe ein. Uns wird gesagt, wir sollen unseren Nächsten lieben wie uns selbst, aber meistens lieben wir den Nächsten, aber wir lieben nicht uns selbst. Wir sehen das Gute in anderen und sehen es nicht in uns selbst. Wir vernachlässigen die wichtigste Beziehung, die wir in unserem Leben haben... die zu uns selbst.

Die goldene Regel für dein Selbstwertgefühl wird von hier an die goldene Regel sein:

Liebe dich selbst wie deinen Nächsten! Sei mit dir selbst genauso nachsichtig wie mit deinem Nächsten. Du selbst und andere werden anfangen, dich zu mögen. Akzeptiere dich so, wie du bist, und denke daran, dass du nicht perfekt sein musst, um großartig zu sein.
Fange an, mehr Zeit mit der wichtigsten Person in deinem Leben zu verbringen - DIR. Genieße es, mit der besten Gesellschaft ins Kino zu gehen, die du dir vorstellen kannst: DU! Mache es dir gemütlich und verbringe etwas Zeit allein. Finde einen Ort, an dem du dich vom hektischen Alltag lösen kannst und an dem du dir erlauben kannst, du selbst zu sein. Erlaube dir, menschlich zu sein.

Erkenne deinen Wert als Mensch. Wenn du einen Fehler machst, mach dich deswegen nicht fertig. Akzeptiere ihn und verspreche dir, dein Bestes zu tun, ihn nicht zu wiederholen. Das ist alles.

Sei egoistisch! Nicht egozentrisch. Egoistisch. Nur wenn du dich in dir selbst wohl fühlst, kannst du dieses Wohlbefinden auf deine Umgebung übertragen. Wenn du dich gut fühlst, profitieren alle davon. Du wirst ein besserer Ehemann, eine bessere Ehefrau, ein besserer Sohn, eine bessere Tochter oder ein besserer Freund sein.

Alles beginnt damit, sich selbst zu lieben.

3 – Akzeptiere Deine Emotionen

Du bist kein Sklave deiner Emotionen - auch wenn es sich manchmal so anfühlt. Du bist der einzige, der für deine Emotionen verantwortlich ist. Es sind nicht andere, die deine Emotionen verursachen; es ist DEINE Reaktion auf das, was andere sagen oder tun. Deine Emotionen kommen aus deine Gedanken, und du hast inzwischen gelernt, dass du trainieren kannst, deine Gedanken zu kontrollieren. Eine

Emotion ist Energie in Bewegung, eine physische Reaktion auf einen Gedanken. Wenn du deine Gedanken kontrollieren kannst, dann bist du auch in der Lage, deine Emotionen zu kontrollieren.
Du brauchst keine Angst vor deinen Emotionen zu haben. Sie sind ein Teil von dir, aber sie sind nicht du.
Es ist von größter Wichtigkeit, dass du lernst, deine Emotionen zu akzeptieren und auch zu lernen, dass es keine "guten" oder "schlechten" Emotionen gibt. Emotionen sind genau das, und jede Emotion hat ihre Funktion: Die Angst schützt dich. Wut erlaubt es dir, dich zu verteidigen, Grenzen zu setzen und anderen zu zeigen, was dich stört. Traurigkeit erlaubt es dir, zu trauern und einen Mangel zu erkennen. Glück erlaubt es dir, sich großartig zu fühlen, etc.
Verbinde dich mit deine Emotionen und verstehe, wie du diese ausdrücken kannst. Vernachlässige oder unterdrücke sie niemals, niemals.

„Es gibt Schlimmeres.“ Mach dir nichts vor und sag nicht "Ich bin glücklich", wenn du zutiefst traurig bist. Analysiere, woher die Traurigkeit kommt und erlaube dir, menschlich zu sein. Es ist nichts Schlimmes daran, ab und zu traurig, enttäuscht, wütend oder neidisch zu sein, wenn du diese Art von

Emotionen, die sich in dich einschleichen, bemerkst und analysierst woher sie kommen.
Werde zum Beobachter und beobachte, wohin deine Emotionen dich führen. Beobachte, wie die Wolken am blauen Himmel vorbeiziehen. Akzeptiere sie wie die Regentage. Wenn du aus dem Fenster schaust und es regnet, akzeptierst du den Regen als Teil des meteorologischen Klimas, richtig? - Du weißt, dass das nicht bedeutet, dass es ständig regnet. Mach dasselbe mit Wut, Trauer, Angst usw. Nur weil sie in einem Moment auftauchen, bedeutet das nicht, dass sie für immer da sein werden. Das Schreiben über deine Emotionen wird dir oft helfen, sie aus Ihrem System zu entfernen. Wenn du auf jemanden wütend sind, schreibe ihm einen Brief. Schicke ihn aber nicht ab. Lasse es einen Tag lang sein und schau, was du am nächsten Tag für diese Person empfindest.

Lerne, mit deinen Emotionen umzugehen, d.h. sie wahrzunehmen, zu nutzen, zu verstehen und zu managen.

Das wird folgendermaßen gemacht:

1) Nimm Gefühle wahr und drücke sie aus und erlaube dir, sie zu fühlen.
2) Erleichterung der Gefühle. Frage dich, wie du eine andere Emotion fühlen kannst.
3) Verstehen, warum die Emotion aufkommt. Es gibt immer einen Grund und einen zugrundeliegenden Glauben.
4) Emotionale Anpassung. Du weißt, warum die Emotion gefühlt wurde.

Die Verwaltung deiner Emotionen hat enorme Vorteile:

- Du erholst dich besser und schneller von Problemen und Rückschlägen.
- Du erreichst eine bessere und beständigere professionelle Leistung.
- Du bist in der Lage zu verhindern, dass sich diese Spannungen aufbauen und deine Beziehungen zerstören.
- Du steuerst deine Impulse und widersprüchlichen

Emotionen.

- Du bleibst auch in kritischen Momenten ausgeglichen und gelassen.

4 - Du bist nicht deine Vergangenheit

Auch wenn andere dir vielleicht etwas anderes sagen...
Du bist nicht das, was du getan hast, was bedeutet, dass du nicht deine Handlungen bist. Deine Handlungen mögen manchmal klug oder nicht so klug sein, aber das macht dich nicht zu einer dummen Person. Es macht dich zu einer klugen Person, die dumme Entscheidungen getroffen hat. Das kommt vor. Manchmal handeln wir impulsiv, ohne an die Konsequenzen unserer Handlungen zu denken, und manchmal handeln wir, ohne zu wissen, warum wir handeln. Niemand ist perfekt. Lerne daraus.

Es ist leicht, unsere Entscheidungen als "falsch" zu beurteilen, nachdem wir das Ergebnis gesehen haben. Ja. Vielleicht hätten wir etwas anders machen sollen. Außerdem erschien es im Moment der

Entscheidung nicht so falsch. Es schien die beste Option zu sein. Und das war es wahrscheinlich auch, mit den
Informationen, die du zu dem Zeitpunkt hattest.

Deine Handlungen haben nichts mit deinem Wert als Person zu tun. Identifiziere dich nicht mit dem, was du getan hast. Überhaupt keine Fehler zu machen (abgesehen davon, dass es unmöglich ist), macht dich nicht zu einer wertvolleren Person, also macht es dich auch nicht weniger wertvoll, sie zu machen. Selbst wenn du dich ab und zu dumm verhalten haben solltest, bleibt dein Wert als Person derselbe.

Du gibst immer dein Bestes. Das Beste, was du in diesem Moment tun kannst, basierend auf deinem aktuellen Stand der persönlichen Entwicklung und des Bewusstseins. Deine Entscheidungen und Handlungen basieren immer auf deinem aktuellen Wissensstand.
Vielleicht tun oder sagst du Dinge, die du später bereuen wirst, aufgrund deines aktuellen Wissensstandes. Was du auch immer tust oder nicht tust; was auch immer du sagst oder nicht sagst. Es ist immer dein Bestes - auch wenn dein Bestes fehlerhaft oder unklug ist.

Lasse niemals zu, dass unkluge oder falsche Entscheidungen und Handlungen deinen inneren Wert als Person angreifen, gib einfach dein Bestes, um aus deinen Fehlern zu lernen und dumme Entscheidungen und Handlungen in Zukunft nicht zu wiederholen. Das ist alles.

5 - Überwindung des Perfektionismus

Menschen mit einem geringen Selbstwertgefühl neigen zu einem hohen Grad an Perfektionismus, was eine schreckliche Kombination und ein sicheres Rezept für Frustration und Angst ist. Werde den Perfektionismus los, indem du dein Selbstwertgefühl steigerst.

Oder wird die Überwindung des Perfektionismus dein Selbstwertgefühl erhöhen?

Ja, das wird es. Es funktioniert in beide Richtungen. Sehen wir uns die Überwindung des Perfektionismus an.

Wieder einmal ist die Selbstwahrnehmung der Schlüssel. Zu wissen, was wir wollen und was wir

nicht wollen, ist der Schlüssel zur Überwindung des Perfektionismus. Es geht darum, die Realität zu akzeptieren. Akzeptiere deine Gefühle, akzeptiere, dass es schwierig ist. Wenn dir gerade etwas passiert ist, bist du vielleicht nicht in der Lage, es zu ändern, aber du kannst vielleicht deine Interpretation des Geschehenen ändern. Es ist oft eine Frage der Perspektive. Wird es in zehn Jahren wirklich eine Rolle spielen?
In einem Jahr? Lohnt es sich, sich Sorgen zu machen und sich aufzuregen?

Um den Perfektionismus zu überwinden, muss man anfangen, sich auf die Anstrengung zu konzentrieren und sie zu belohnen. Belohne dich für Misserfolge, für den Versuch, es immer wieder zu versuchen. Das ist kein Witz. Inzwischen weißt du schon, dass es keinen anderen Weg gibt, um zu lernen. Ja, Versagen tut weh, aber es tut immer weniger weh.

Drittens überwindet man den Perfektionismus durch Akzeptanz. Die Akzeptanz des Äußeren, wie auch die Akzeptanz von sich selbst. Erkenne, dass du nicht perfekt sein musst. Wirklich nicht. Du kannst mich beim Wort nehmen. Akzeptiere es und ergreife Maßnahmen, bewältige die Dinge, setze dich selbst in die Pflicht und nicht zuletzt akzeptiere deine

Schwachstellen und nutze diese als Werkzeug für dein
Wachstum. Frage dich immer wieder:

"Was ist hier die Wachstumschance?"

Siehst du schon, dass du deinen Perfektionismus durch diese Dinge überwinden könntest?
Wie immer kommt die Veränderung durch die Einführung neuer Verhaltensweisen, wie z.B. sich selbst mehr in Frage zu stellen, aber auch durch die Visualisierung neuer Verhaltensweisen: Sich selbst vorstellen, sich selbst sehen und sich verhalten wie eine Person, die sich der Exzellenz verschrieben hat und sich verpflichtet, ihr Bestes zu geben.
Wenn dein Perfektionismus dich daran hindert, eine Arbeit, ein Buch oder ein Projekt zu schreiben, nutze die Technik des "ersten Entwurfs". Sage dir selbst, dass es nur ein "grober Entwurf" ist und dass du ihn später verbessern wirst (wie es Softwarefirmen mit ihren Versionen 1.1, 1.2, 1.5, etc. tun). Das nimmt den Druck weg und hilft dir, die Dinge zu erledigen.

Ja, du hast sogar meine Erlaubnis, dich ab und zu abzulenken. Manchmal ist es besser, sich selbst abzulenken, wenn ein negativer Gedanke auftaucht.

Analysieren oder gar überanalysieren ist nicht immer die Lösung. Gehe laufen, höre Musik, mache eine Pause und komm zu einem späteren Zeitpunkt wieder auf das betreffende Thema zurück.

Wende auf dich selbst die gleichen Regeln an, die du auch auf andere anwendest - oder besser gesagt, behandle dich so, wie du einen Freund in der gleichen Situation behandeln würdest. Was würdest du tun, wenn ein Freund schrecklich versagt? Oder wenn er oder sie einen Fehler macht? Ich bin mir sicher, dass du für sie viel einfacher bist als für dich selbst, oder? Fang an, dir selbst das anzutun, was du anderen antun würdest. Akzeptiere das Versagen in dir selbst genauso, wie du es bei anderen akzeptieren würdest, bei Menschen, die du liebst, und nicht zuletzt habe auch Mitgefühl für dich selbst, nicht nur für andere.

Wenn du also das nächste Mal bemerken solltest, dass dein Perfektionismus auftaucht, versuche einige der genannten
Übungen und - wie immer - gebe dir etwas Zeit.

6 - Vorsicht vor falscher Selbstachtung

Verwechsle nicht das echte Selbstwertgefühl mit der Einstellung und dem Verhalten von Menschen, die narzisstisch, egoistisch und arrogant sind. Dies sind keine Zeichen von Selbstwertgefühl, sondern eher das Fehlen von
Selbstwertgefühl und es wird Pseudo-Selbstwertgefühl oder falsches Selbstwertgefühl genannt. Pseudo-Selbstachtung ist nur der Schein von Selbstglauben und Selbstachtung ohne die Realität davon. Es besteht aus der Illusion, die Eigenschaften der wahren Selbstachtung mehr als alle anderen zu haben.

Aber wir alle wissen es. Jemand, der in einen Raum kommt, der sich aufspielt, prahlt, wie ein Pfau aussieht, hat wahrscheinlich keine hohe Selbstachtung. Tatsächlich ist dieses Verhalten das genaue Gegenteil eines gesunden Selbstwertgefühls. Menschen mit einem höheren Selbstwertgefühl sind meist bescheiden und müssen nicht ständig angeben.

Der wahre Zweck von Menschen mit falschem

Selbstwertgefühl ist es, sich selbst zu schützen, um die Angst zu verringern, "falsch und verletzlich" zu sein und ein falsches Gefühl der Sicherheit zu vermitteln. Und so die Bedürfnisse eines authentischen Selbstwertgefühls zu lindern.

Im Allgemeinen schätzen Menschen mit falschem Selbstwertgefühl sich selbst - und andere - nach dem, was sie erreichen, nach Ergebnissen und nicht nach dem, was sie sind.

Echtes Selbstwertgefühl wird in der Realität begründet - in der tatsächlichen Leistung, im tatsächlichen Erfolg und in der tatsächlichen Praxis. Und ja - du hast es wahrscheinlich kommen sehen - es ist das Produkt von Anstrengung und harter Arbeit.

7 - Dein Selbstwertgefühl steigern

Sieh dich um. Was siehst du? Sieh dir deine Umgebung und die Menschen um dich herum an. Denke an deine aktuellen Lebensumstände: Arbeit, Gesundheit, Freunde und Menschen um dich herum. Wie sehen sie aus? Bist du glücklich mit dem was du siehst? Bist du mit deinem Leben zufrieden? Wenn nicht, kannst du es ändern. Es tut mir leid, dass ich es dir sagen muss, aber die meisten von uns sind da, wo sie sein sollten, und das ist kein Zufall.

Unser Selbstwertgefühl ist zu einem großen Teil verantwortlich für die Beziehungen, die wir haben und die Situationen, denen wir begegnen. Dies geschieht meist unbewusst. Selbst wenn wir also bewusst denken, dass wir etwas Besseres verdienen, ist es das, was wir unbewusst glauben und erwarten, was unser Leben kennzeichnet.

Dies ist der Grund Nummer eins, warum Menschen mit einem gesunden Selbstwertgefühl den Respekt, die Hilfe und die Zusammenarbeit erwarten und bekommen, die sie verdienen, während Menschen mit geringem Selbstwertgefühl ständig in unbequeme und unangenehme Situationen verwickelt sind und ihr Wohlwollen manchmal sogar von anderen missbraucht wird. Was kannst also tun, wenn du ein geringes Selbstwertgefühl hast? Arbeiten, arbeiten, arbeiten, arbeiten und noch mehr arbeiten. Und wie? Mache einige der Übungen, die du in diesem Buch findest, um dein Selbstwertgefühl zu steigern. Wenn du das tust, wird dein Glück und dein Selbstwertgefühl zunehmen.

Wenn du völlig davon überzeugt bist, dass du mehr verdienst - unbewusst und bewusst - wird sich dein Leben verändern, weil du anders handelst und alles tun wirst, um das zu fordern, was du verdienst.

8 - Niemand ist besser als du

...und du bist auch nicht besser als andere.
Du bist anders. Du bist großartig, aber das heißt nicht, dass du besser als andere bist. Es bedeutet nicht, dass andere nicht auch auf ihre besondere Art großartig sein können. Deine Größe nimmt anderen Menschen nicht ihre Größe. Sie könnte sogar den Menschen um dich herum Größe verleihen.

Wir sind mit der Mentalität aufgewachsen, dass andere, die einen Titel, eine bestimmte soziale Stellung oder mehr Geld haben, uns überlegen sind und wir müssen sie bewundern.

Ich habe gute Nachrichten für dich:
Die Zeiten haben sich geändert. Alles geht heutzutage so schnell. Titel und Status bedeuten nicht mehr so viel. Zum Beispiel gibt es viele Menschen mit einem Universitäts- oder sogar

Doktortitel, die arbeitslos sind; andererseits wurden einige der größten Unternehmen der Welt von Menschen aufgebaut, die das College oder sogar die Highschool nicht abgeschlossen haben. Auf der einen Seite verlieren Menschen soziale Positionen, während andere aufsteigen. Einige der reichsten Menschen der heutigen Welt wie Jeff Bezos oder Mark Zuckerberg waren vor 20 Jahren noch nicht einmal im Geschäftsleben tätig. Du bist anders, aber das bedeutet nicht, dass sie besser sind als Du. Vergiss das nicht.

Wahre Selbstachtung ist das Wissen, dass du großartig und einzigartig bist und dass du jeden anderen für seine Größe und Einzigartigkeit akzeptierst. Du bist nicht besser als sie, aber niemand ist auch nicht besser als du.

9 - Du bist genug

Alle Probleme des Selbstwertgefühls drehen sich um eine Sache. Wir fühlen uns nicht würdig. Wir fühlen uns als Menschen nicht würdig. Wir fühlen uns unserer Segnungen nicht würdig; wir fühlen, dass wir das Gute, das uns widerfährt, nicht verdienen. Und wenn wir es wirklich fühlen, wird es zu einer

sich selbst erfüllenden Prophezeiung, und das Gute hört auf, uns zu passieren.
Ein für allemal: DU BIST GUT. Punkt. Falle nicht in die Falle. Du brauchst keine besonderen Fähigkeiten, und du musst nicht intelligenter oder wohlhabender sein, um würdig zu werden. Du bist es bereits.

Alles, was du in deinem Leben, deiner Arbeit, deinem Besitz und deinem Haus hast, ist schön und beeinflusst deinen Lebensstil, ABER es hat nichts mit deinem inneren Wert oder deiner Bedeutung als Person zu tun.

Du musst nichts Besonderes tun, um einen höheren Wert als Mensch zu erreichen. Du hast es bereits. Es ist dein Geburtsrecht. Nichts, was du tust, fügt dir auch nur das kleinste Partikel deines Wertes hinzu oder entfernt es, und niemand kann es dir wegnehmen... außer du.. durch selbstzerstörendes und selbstsabotierendes Verhalten.

Wenn du jemals an deinem Wert als Person zweifelst, komme hierher zurück und lese dies laut:

ICH BIN GENUG. ICH BIN GENUG. ICH BIN GENUG!

10- Nimm Kritik nicht persönlich

Es gibt nur einen sicheren Weg, um Kritik zu vermeiden: Nichts tun, nichts sagen, nichts sein.

Egal, wie gut du in deiner Branche bist, was du tust. Es wird immer jemanden geben, der dich kritisieren wird. Je früher du das akzeptierst, desto besser. Und je eher du lernst, damit umzugehen, desto gesünder. Manche Menschen ernähren sich einfach davon, anderen Menschen ein schlechtes Gewissen zu machen oder ihre Arbeit - oder noch schlimmer - ihre Persönlichkeit anzugreifen. Ich sage nicht, dass du nicht auf das Feedback anderer Leute hören solltest, aber lerne, zwischen konstruktiver und destruktiver Kritik zu unterscheiden.

Je mehr du gegen diese armen Seelen argumentierst, desto härter werden sie dich kritisieren. Du kannst nicht mit ihnen diskutieren. Für sie ist es ein Spiel. Sie wollen dich verletzen. Meistens sind es Menschen, die nichts erschaffen haben, weil es ihnen an Selbstachtung oder an Glauben an sich selbst mangelt. Also wählten sie den einfachen Weg. Andere zu kritisieren.

Wenn du auf sie reagierst oder dich durch ihre Kritik beleidigt fühlst, haben sie Erfolg gehabt. Du nimmst ihre Meinung ernst. Für mich sind das giftige Menschen, und ich will sie nicht in meinem Leben. Feedback, ja. Destruktive Kritik, nein danke und bis später. Man kann auf verschiedene Weise mit ihnen umgehen.

Erstens: Ignoriere sie einfach und reagieren Sie nicht auf ihre Provokationen.

Zweitens: Kommentiere "Danke, für was auch immer".

Drittens - und das ist wahrscheinlich der beste Weg, sie zum Schweigen zu bringen - stimme ihnen zu. Sage: "Sie haben Recht, danke." Das ist der beste Weg, um deine Kritiker zum Schweigen zu bringen. Das erwarten sie nicht! Sie warten darauf, dass du ihnen widersprichst, dass du dich schlecht fühlst, dass du beleidigt wirst. Wenn du ihnen zustimmst, wissen sie nicht, wie sie reagieren sollen.

11 - Sei nicht zu hart mit dir selbst

In welchen Bereichen deines Lebens bist du zu hart zu dir selbst? Es ist leicht, in die Gewohnheit der Selbstkritik zu verfallen, weil man Fehler in der Vergangenheit gemacht hat oder weil die Dinge nicht so gelaufen sind, wie man es wollte.
Aber dient es dir? Nein!

Es ist Zeit, dass du hier etwas akzeptierst: Du bist nicht perfekt! Du wirst es nie sein, und das Beste ist - DU MUSST es nicht sein! Also, ein für alle Mal, hör auf, so hart zu dir selbst zu sein! Dies ist einer der Hauptgründe, die Menschen daran hindern, ein glückliches und erfülltes Leben zu führen. Lass die Gewohnheit der übertriebenen Selbstkritik hinter dir, besonders in Zeiten, in denen es bereits mehr als genug Freiwillige gibt, die dich mit oder ohne Grund kritisieren werden.
Sei dir bewusst, dass du dein Bestes gibst. Behalte dein Selbstgespräch positiv bei und lösche Sätze wie "Ich bin so dumm", "Ich bin ein Idiot" oder "Gott, bin ich dumm" aus deiner Sprache und deinen Gedanken und wenn du schon dabei bist, wirst du andere Spitznamen los, die du für dich selbst hast, wie dumm, fett oder hässlich.

Mit einem Selbstgespräch wie diesem wirst du nur erreichen, dass du dich auf deine Schwächen konzentrierst, und du weißt, was Fokussierung bewirkt... du wirst mehr davon sehen.
Das bedeutet nicht, dass du die Fehler, die du machst, nicht analysieren solltest. Lass einfach die Selbstbestrafung und Selbstfolter weg. Wusstest du, dass ein Großteil des Elends, das wir in unserem Leben haben, darauf zurückzuführen ist, dass wir unbewusst denken, wir müssten uns für etwas bestrafen?

Also, ein für alle Mal, anstatt sich selbst zu bestrafen, tu folgende Dinge:

1. Akzeptiere dich selbst, wie du bist.

2. Vergib dir selbst und liebe dich selbst.

3. Kümmere dich sehr gut um dich selbst.

12 - Lob gnädig annehmen

Fällt es dir schwer, Lob oder Komplimente anzunehmen? Vorsicht. Meistens ist es nicht Bescheidenheit, die uns unangenehm ist, wenn jemand etwas Nettes sagt, sondern unser Mangel an Sicherheit und Selbstwertgefühl. Wenn du Schwierigkeiten hast, Komplimente zu akzeptieren, kann es sein, dass du tief im Inneren das Gefühl hast, dass du es nicht verdienst.

Als wir Kinder waren, wurde den meisten von uns beigebracht, dass es schlecht ist, sich selbst zu loben. Es ist schlecht zu sagen "Gott, bin ich gut", selbst wenn man einen tollen Job gemacht hat. Es wurde als ein Charakterzug der übermütigen und eingebildeten Menschen angesehen. Als Folge davon neigen wir dazu, uns selbst herabzusetzen, wenn uns jemand ein Kompliment macht oder uns lobt.

Im Ernst. In dieser Phase unseres Lebens hätten wir die alte Kindererziehung hinter uns lassen sollen, die sich sicherlich auch als falsch erwiesen hat. Es ist in Ordnung, ein Kompliment für eine gut gemachte Arbeit anzunehmen. Nimm es mit Anstand an und wenn du versuchst zu sagen "Oh, es war keine große Sache", sage "Danke. Ich bin froh, dass du so denkst.". Widerspreche nie jemandem, der dir ein Kompliment macht oder dich lobt.

Erstens verminderst du ihre Freude am Loben und zweitens sagst du ihnen praktisch, dass sie ein schlechtes Urteilsvermögen haben und dass ihre Komplimente wertlos sind und das leicht als Beleidigung aufgefasst werden kann. Denke daran, es ist nichts Schlechtes daran, zuzugeben, dass du eine großartige Arbeit geleistet hast.

13 - Beobachte deinen inneren Dialog

Unterschätze die Kraft deiner Worte nicht. Beobachte deinen inneren Dialog sehr genau. Die Worte, mit denen du deine Erfahrungen beschreibst, werden zu deinen Erfahrungen werden. Du hast sicher schon Situationen erlebt, in denen gesprochene Worte anderen viel Schaden zugefügt haben. Aber das ist nicht alles. Gesprochene und unausgesprochene Worte können dir und deinem Selbstwertgefühl ebenfalls großen Schaden zufügen. Beobachte sehr genau, wie du mit dir selbst sprichst,

unabhängig davon, was du über dich selbst denkst. Wenn es viel Vergleichen, Urteilen, Klagen und Selbstkritik gibt, dann gibt es viel Raum für Verbesserungen. Wenn du dich ständig selbst beschimpfst, wird dein
Selbstwertgefühl sehr negativ beeinflusst.
Meistens bist du dir vielleicht nicht des inneren Dialogs bewusst, der immer automatisch abläuft und alles, was um dich herum passiert, beurteilt und bewertet. Wenn du aufmerksam bist und dich bemühst, ihn zu beobachten, wirst du sehen, wie er sich in allem, was dir passiert, manifestiert.

Ja, diese kleine Stimme in deinem Kopf - die, die gerade gefragt hat: "Stimme, welche Stimme?" - Kommentare zu allem, was um dich herum passiert. Welche Geschichte erzählst du dir selbst? Wenn du dir ständig sagst, dass du schlecht, nicht attraktiv genug, schwach, nicht klug genug, faul und machtlos bist, dann wird deine Welt so aussehen, weil dein Selbstgespräch zu einer sich selbst erfüllenden Prophezeiung wird.

Dein innerer Dialog hat einen großen Einfluss auf dein Selbstwertgefühl. Seie vorsichtig, wie du dich selbst beschreibst. Du bist das, was du dir den ganzen Tag einredest.

Dein innerer Dialog ist wie die wiederholte Suggestion eines Hypnotiseurs. Andererseits, wenn du sagst, du bist gesund, fühlst dich großartig und unaufhaltsam, wirst du das auch reflektieren.

Die Art und Weise, wie du mit dir selbst kommunizierst, verändert die Art und Weise, wie du über dich selbst denkst, was wiederum die Art und Weise verändert, wie du dich verhältst, und dies beeinflusst letztendlich deine Ergebnisse und die Wahrnehmung, die andere von dir haben.

Zum Beispiel, du gehst raus und es regnet. Wenn du dir sagst: "Oh Mist, es hat geregnet. Was für ein schrecklicher Tag", wird dieser Gedanke zu Frustration und Wut führen. Wenn du dagegen denkst: "Na ja, es regnet. Was werden wir dagegen tun? Wenigstens wird es keinen Wassermangel geben". Dieser Gedanke wird dich zur Akzeptanz und Ruhe führen.
Halte das Gespräch mit sich selbst positiv, wie "Ich will Erfolg haben", "Ich will schlank sein", "Gott, ich bin gut", weil dein Unterbewusstsein das kleine Wort "NEIN" nicht versteht. Es sieht deine Worte als BILDER. Denke nicht an einen rosa Elefanten!

Siehst du - ich wette, du hast dir gerade einen rosa Elefanten vorgestellt.

Und - ich wiederhole mich - bitte konzentriere dich auf das, was du willst. Bedenke, dass Deine Worte und vor allem die Fragen, die Du Dir stellst, einen großen Einfluss auf Deine Realität haben. Anstatt dir zu sagen, dass etwas unmöglich ist, frage dich: "Wie kann man das machen?" Wenn du dich fragst "wie", wird dein Gehirn nach einer Antwort suchen und sie sich ausdenken. Du kannst dein Leben wirklich verändern, indem du deine Sprache änderst, positiv mit dir selbst sprichst und dir andere Fragen stellst.

14 - Selbstkonzept ist Schicksal

Das Selbstverständnis ist Schicksal. Es hat einen enormen Einfluss auf unsere Realität. Es kann uns positiv beeinflussen, aber es kann uns auch verletzen. Deshalb ist es so wichtig, ein positives Selbstkonzept und einen positiven inneren Dialog zu haben. Jeden Tag hat man die Wahl, sich zu sagen: "Ich bin intelligent", "Ich bin ein netter Mensch" oder "Ich bin wertlos", "Ich verdiene das nicht", "Ich bin so dumm“.

Dein Selbstkonzept kommt oft von dem, was dir als Kind von dein Umgebung erzählt wurde, aber das bedeutet nicht, dass du es als selbstverständlich ansehen musst und es nicht ändern kannst. Es hat einen großen Einfluss auf alles, was du tust, wie du es tust und wie du das Leben als Ganzes erlebst. Wenn es dir also nicht gefällt, was du siehst, fange an, es zu ändern, indem du neue Botschaften in dein Leben einbringst. Diese neuen nützlichen Botschaften werden mit der Zeit die alten ersetzen.

Verwende positive Affirmationen oder unterschwellige Botschaften und gehe mit deinem Verhalten nach, z.B. täglich 30 Sekunden vor dem Spiegel lächeln oder sich wie eine Person mit einer gesunden Selbstwahrnehmung verhalten.

Du ziehst Rückschlüsse auf dich selbst, so wie du Rückschlüsse auf andere ziehst: Indem man das Verhalten betrachtet. Wenn du dich also wie eine Person mit Selbstwertgefühl verhältst, steigt dein Selbstwertgefühl. Du beginnst, an dich selbst zu glauben: "Ich komme damit zurecht. Ich muss ein selbstbewusster Mensch sein" und dann wird es eine sich selbst erfüllende Prophezeiung, und du wirst um einiges selbstbewusster.

Sobald du erkennst, dass du zu vielen Dingen fähig bist, fängst du an, dir zu sagen: "Ich kann damit umgehen. Ich KANN damit umgehen! Ich bin eigentlich widerstandsfähiger, als ich dachte." Dein Selbstwertgefühl steigt, dein Glück nimmt zu und schließlich kommt der Erfolg. Es gibt keinen anderen Weg zum Erfolg.

- Teil III -

Authentisch sein

1 - Akzeptiere dich so, wie du bist. Basta.

Wenn, wenn, wenn, wenn. Wenn ich dies oder das tun würde, wäre ich ein besserer Mensch. Wenn ich das nicht täte, würde ich mehr geliebt werden. Wenn ich dies tun könnte, wäre ich besser dran.
Hör schon auf damit. All diese "Wenns" verhindern, dass du dich hier und jetzt gut fühlst und verschieben deine Selbstakzeptanz auf unbestimmte Zeit. Schlimmer noch... sie geben dir das Gefühl, ein nutzloser und unvollkommener Mensch zu sein.

Was für eine Verschwendung von Energie und Zeit. Du bist bereits der beste Mensch, der du sein kannst. Du musst nichts ändern, um dich gut zu fühlen. Du kannst das hier und jetzt tun. Tu es einfach.
Das heißt nicht, dass du nicht kleine Dinge in deinem Leben verbessern kannst. Kontinuierliche Verbesserung und das Streben nach Exzellenz sollten deine Ziele sein, aber du bist bereits eine absolut würdige Person.

Akzeptiere dich so, wie du bist, und entwickle dich weiter, indem du in jedem Moment das Beste gibst. Während du dich entwickelst, wirst du immer besser und besser werden.

2 - Gebe deine Fehler zu

Für viele von uns ist es schwierig, unsere Fehler einzugestehen. Stattdessen verschwenden wir viel Energie damit, Ausreden und Rechtfertigungen zu erfinden, um zu beweisen, dass wir Recht haben.

Dies mag in dem tiefen Glauben wurzeln, dass wir unzulänglich sind, und wenn wir es schaffen, uns selbst und andere davon zu überzeugen, dass wir niemals Fehler machen, könnte dieses Gefühl verschwinden. Zumindest für eine Weile.
Wie auch immer, du hast bereits gelernt, dass es nichts Schlechtes ist, Fehler zu machen. Jeder macht einen, ab und zu. Auch wenn es sich anfangs vielleicht seltsam und unangenehm anfühlt, macht es das Eingestehen von Fehlern zur Gewohnheit. Da es keine so häufige Eigenschaft ist, wirst du die Leute überraschen, und sie werden dich vielleicht sogar dafür bewundern. Einen Fehler einzugestehen und

die Konsequenzen zu tragen, erfordert viel mehr Kraft als zu leugnen. Aber es ist viel gesünder. Anstatt Energie zu verlieren, es zu leugnen, wird es dich befreien.

Ich sage es noch einmal. Es ist in Ordnung, ab und zu einen Fehler zu machen. Jeder macht das. Das macht dich nicht zu einem schlechten Menschen. Fehler zu machen, macht dich nicht nutzlos; es zeigt einfach, dass du ein Mensch bist. Deine Fehler zu erkennen, ist ein Zeichen von Stärke, Reife und einem gesunden Selbstwertgefühl.

Du hast nur dann ein Problem, wenn du den gleichen Fehler immer wieder machst. Wenn dies geschieht, solltest du dir das Muster ansehen und nach der Lektion und Lernerfahrung suchen. Das ist es.

3 - Authentisch sein. Sei du selbst!

Ralph Waldo Emerson sagt:

"In einer Welt, die ständig versucht, dich zu etwas anderem zu machen, ist es die größte Errungenschaft, du selbst zu sein"

Ist dir jemals aufgefallen, dass die erfolgreichsten Menschen diejenigen sind, die authentisch sind? Sie spielen keine Rollen. Sie sind, wer sie sind. Was man sieht, ist das, was man bekommt. Sie kennen ihre Stärken und Schwächen und haben kein Problem damit, verletzlich zu sein und Verantwortung für ihre Fehler zu übernehmen. Sie kümmern sich auch nicht um das Urteil anderer und haben keine Angst davor.

Zum Beispiel: Wenn du Dinge sagst oder anderen Menschen zustimmst, nur um ihnen zu gefallen, könnte das ein Zeichen von geringem Selbstwertgefühl sein.

Sei du selbst. Sage, was du wirklich denkst, und nicht, was andere von dir hören wollen (außer wenn du in Gefahr bist). Das bedeutet nicht, dass du verletzende oder unhöfliche Dinge sagen solltest. Vermeide diese, wenn du kannst. Aber sei dir bewusst, dass deine Meinung genauso wichtig ist wie die von anderen. Selbst wenn Deine Ideen sich von denen der Mehrheit unterscheiden, macht sie das nicht weniger gültig oder weniger wichtig, und Du kannst trotzdem zu ihnen stehen.

Wenn du das nächste Mal versuchst, mit jemandem übereinzustimmen, nur um ihm zu gefallen, tu es nicht. Nichts Gutes entsteht, wenn man unehrlich mit sich selbst ist und seine Werte und Ideen verrät. Wenn du mit jemandem nicht einverstanden sind, sag es. Wenn er dein Freund ist, wird er damit umgehen können. Wenn sie es nicht können, wärst du mit ihnen wahrscheinlich sowieso nicht weit gekommen. Scheue dich nicht, die Wahrheit zu sagen.

Lass dir von der Welt nicht sagen, wer du sein sollst. Setz keine Maske auf, wenn du es allen anderen recht machen willst. Sei nicht so scharf auf Rückmeldungen von den Menschen, die dich umgeben, wie Kollegen, Freunde, Nachbarn usw. Hör auf, Rollen zu spielen und darüber nachzudenken, was andere von dir wollen oder von dir denken könnten.

Höre auf, dich zu verstellen und erlauben dir, dein authentisches Selbst zu sein. Die Belohnungen sind großartig. Lustigerweise wirst du merken, dass je mehr du du selbst bist, desto mehr Menschen werden sich zu dir hingezogen fühlen!

Probiere es aus!

4 - Sei kein Perfektionist

Wenn du der Typ bist, der alles braucht, um perfekt zu sein, bist du dazu verdammt, dem Unglück zu begegnen.
Perfektionisten machen oft eine Menge zusätzlicher Arbeit, weil sie denken, dass andere die Aufgaben nicht so gut erledigen können wie sie selbst, deshalb delegieren sie nicht. Sie erleben viel Angst und Stress, weil es immer die Angst vor dem Versagen gibt.

Perfektionismus ist der Feind der Kreativität und hält uns oft vom Handeln ab, was ihn zu einer der Hauptursachen für das Zögern macht. Perfektionisten haben sogar noch mehr Angst vor dem Versagen als der Rest von uns. Wenn sie nicht handeln, wenn sie keine Entscheidungen treffen, versagen sie nicht. Also, am Ende handeln sie nicht und treffen keine Entscheidungen. Oder sie hören nie auf zu handeln, das Buch oder das Papier umzuschreiben, weil es noch nicht perfekt ist. Und so vergeht die Zeit, und sie bringen keine Ergebnisse.

Der Perfektionismus verletzt unser Selbstwertgefühl, weil man ständig das Gefühl des Versagens und der fehlenden Selbstakzeptanz hat. Wenn man sich selbst ständig als Versager wahrnimmt, ist es fast unmöglich, ein gesundes Selbstwertgefühl zu entwickeln. Perfektionisten versuchen es auch seltener und setzen sich weniger häufig selbst aufs Spiel, was zwei der Hauptzutaten für persönlichen Erfolg und Glück sind.

Verstehe mich nicht falsch. Es gibt Orte und Berufe, in denen man Perfektionismus will - zum Beispiel in der Notaufnahme oder in der Chirurgie, aber in vielen anderen Bereichen ist das nicht nötig.
Werde statt eines Perfektionisten ein Mensch, der sich der Exzellenz verschrieben hat. Eine Person, die immer ihr Bestes gibt, aber weiß, dass es keine Perfektion gibt und deshalb viel weniger Angst und Frustration erlebt. Während der Perfektionist nur - im besten Fall - vorübergehende Erleichterung erfährt, genießt eine Person, die sich der Exzellenz verschrieben hat, die Reise ihres Lebens und erlebt viel höhere Ebenen des Glücks. Für ihn geht es nicht

nur um vorübergehende Erleichterung, sondern um dauerhafte
Zufriedenheit.

5 - Verändere dich niemals, nur um anderen zu gefallen!

Versuche nicht, es allen recht zu machen. Das ist einfach nicht möglich. Ab und zu wirst du auf Menschen treffen, die dich aus irgendeinem Grund einfach nicht mögen werden. Das kommt vor. Es ist nicht deine Schuld, und du machst nichts falsch. So ist das nun mal auf der Welt. Versuche nicht, dich zu ändern, um diesen Menschen zu gefallen. Das ist unmöglich, und wenn du es versuchst, verlierst du deine Authentizität und Selbstachtung.

Ein Trick, mit dem ich endlich aufhörte zu versuchen, es allen recht zu machen, war der Gedanke, dass im besten Fall 50% der Menschen, denen ich in meinem Leben begegne, mich mögen werden, so wie ich bin, und die andere Hälfte wird mich nicht mögen, egal was ich tue, um ihnen zu gefallen. Als ich also jemanden traf, der mich nicht mochte, anstatt zu versuchen, alles zu tun, was ich

kann, um ihnen zu gefallen, dachte ich mir einfach: "Nun, er oder sie muss zu den anderen 50 % gehören" und verschwendete nicht viel Zeit und Energie, um sie davon zu überzeugen, mich zu mögen. Mein Leben hat sich sehr verbessert.
Ändere nicht die Art und Weise, wie du bist, damit andere dich mögen werden. Verstehe einfach, dass es weder möglich noch notwendig ist. Bleib bei den Menschen, die dich so mögen, wie du bist. Wünsch denjenigen, die dich nicht mögen, ein schönes Leben.

6 - Ignoriere die Meinung anderer Leute über dich

Okay, ich gebe zu, die Überschrift klingt ein bisschen hart und sicherlich ist ab und zu ein wenig Feedback von außen nützlich. Du solltest 2 oder 3 Vertrauenspersonen um dich herum haben, die dir die hässliche und nackte Wahrheit sagen, wann immer es nötig ist.
Ich spreche von den Menschen in Deinem Leben:
Diejenigen, die dir immer schnell eine vollständige Charakter-, Persönlichkeits- und Lebensanalyse auf einer sehr kleinen, glaubwürdigen Grundlage geben.

Das sind die Meinungen, die du ignorieren solltest, denn oft legen wir viel mehr Wert auf genau diese Leute und wenn sie uns kritisieren, tut es weh. Manchmal scheint es sogar so, dass ihre Urteile über unsere Persönlichkeit, unser Handeln und unseren Charakter richtig und wichtiger sind als unsere eigenen.

Großer Fehler! Wie zum Teufel sollen sie das wissen?

Erstens beurteilen sie uns auf der Grundlage ihres Wertesystems, das sich wahrscheinlich sehr von unserem eigenen unterscheidet; zweitens, wie können sie das überhaupt wissen? Wie können manche Menschen so schnell Beschreibungen unseres Charakters und unserer
Persönlichkeit abrufen, wenn sie so wenig von uns, unserer Ausbildung und unseren Erfahrungen wissen? Wie können sie verstehen, warum wir sind, wer wir sind, und wie wir handeln, wenn sie so wenig über uns wissen? Ach, komm schon! Selbst wir wissen nicht ganz, wer wir sind... und doch verbringen wir 24 Stunden am Tag mit uns selbst.

Glaube mir: In den meisten Fällen sind die Vorstellungen, die diese Leute von dir haben, falsch und unvollständig. Du wirst dich viel besser fühlen, wenn du dich nicht so sehr um die Meinung anderer Leute kümmerst.

7 - Höre auf, dich um die Meinung anderer Leute zu kümmern

In Spanien gibt es ein Sprichwort, das besagt:

"Was Pedro über Juan sagt, sagt mehr über Pedro als über Juan."

Wir könnten das umformulieren in:

"Was Pedro über Juan denkt, sagt mehr über Pedro aus als über Juan."

Was ich dir zeigen möchte, ist, dass die Meinung anderer Leute über dich ihr Problem ist, nicht deins. Ja. So einfach ist das. Du kannst es nicht allen recht machen, also kannst du genauso gut sofort aufhören, es zu versuchen. Je früher du es akzeptierst, desto besser.

Werde authentischer, werde mehr DU und lustigerweise werden bessere Leute auf dich aufmerksam. Das sind die Menschen, die für deine Entwicklung wichtig sind. Lasse diejenigen los, die dich ständig beurteilen und kritisieren.

Wenn du dir Sorgen darüber machst, was andere Menschen über dich denken könnten, denke immer daran:

Sie machen sich wahrscheinlich gleichzeitig auch Sorgen darüber, was du über sie denkst.

Der Vorteil, wenn du dich nicht um die Meinung anderer Leute kümmerst, ist, dass du eine Menge mentalen und emotionalen Stress loslässt, du wirst viel mehr Freiheit fühlen, weil du nicht auf Zehenspitzen um jeden herumgehen musst und sie nicht mehr in der Lage sind, dich zu kontrollieren.

8 - Höre auf, dich mit anderen zu vergleichen

Das ist die Überholspur zum Unglück. Dir musst eines wirklich, wirklich klar werden:

Es wird immer jemanden geben, der besser ist in etwas ist als du, jemand, der mehr Geld hat, ein schöneres Auto, ein größeres Büro, ein Buch, das sich öfter verkauft, etc.

Akzeptiere es und mache weiter.

Die einzige Person, mit der du in Konkurrenz stehen solltest, ist die Person, die du gestern warst. Konzentriere dich auf deine Stärken und baue auf ihnen auf. Beneide erfolgreiche Menschen nicht, sondern lerne von ihnen und konzentriere dich auf deinen Weg zum Erfolg. Nutze Menschen, die das haben, was du nicht hast, als Inspirationsquelle, anstatt sie zu beneiden.

Vergleichen macht keinen Sinn. Du wirst dich entweder überlegen oder unterlegen fühlen, und du bist weder das eine noch das andere. Du bist einzigartig mit deinen inneren Stärken und

Schwächen, genau wie jeder andere Mensch auf diesem
Planeten. Das ist weder gut noch schlecht. Es ist einfach so. Wenn du dich wirklich schwer damit tust, solltest du vielleicht für eine Weile die sozialen Medien verlassen. Studien legen nahe, dass Social Media eine große Rolle bei der Entstehung von Eifersucht und Neid spielen, weil wir uns die Highlights anderer Menschen ansehen und sie mit unserem „Hinter den Kulissen"-Film vergleichen. Das kann einfach nicht funktionieren.

9 - Lebe dein eigenes Leben

"Deine Zeit ist begrenzt, also verschwende sie nicht damit, das Leben eines anderen zu leben. Lass dich nicht von einem Dogma gefangen nehmen - was bedeutet, mit den Ergebnissen des Denkens anderer Menschen zu leben. Lass den Lärm der Meinungen anderer nicht deine eigene innere Stimme übertönen. Und am wichtigsten ist es, den Mut zu haben, deinem Herzen und deiner Intuition zu folgen.

Lebe das Leben, das du willst und nicht das Leben, das andere von dir erwarten. Mach dir keine Sorgen darüber, was deine Nachbarn oder andere Leute von dir denken, denn wenn du dich zu sehr darum kümmerst, was sie sagen, wird es einen Moment geben, in dem du nicht mehr dein eigenes Leben lebst, sondern das Leben anderer Menschen.

Höre auf dein Herz. Tu die Dinge, die du tun willst, und nicht unbedingt die Dinge, die jeder andere tut. Habe den Mut, anders zu sein! Paulo Coelho erinnert uns daran:

"Wenn jemand nicht das ist, was andere wollen, werden die anderen wütend. Jeder scheint eine klare Vorstellung davon zu haben, wie andere Menschen ihr Leben führen sollen, aber keine von ihrem eigenen."

10 - Höre auf, vor deinen Problemen davonzulaufen

Henry Ford hat vor vielen Jahren herausgefunden, dass "die meisten Menschen mehr Zeit und Energie damit verbringen, Probleme zu umgehen, als sie zu lösen". Hör auf, vor deinen Problemen wegzulaufen, denn sie werden dir folgen, wohin du auch rennst, stimmt's?

Der beste Weg, mit einem Problem umzugehen, ist, die Verantwortung dafür zu übernehmen - anstatt um das Problem herumzutanzen und zu überlegen, wer die Schuld trägt - sich ihm zu stellen und sich dann damit auseinanderzusetzen. Ich weiß, es ist schwierig, aber wenn man es einmal gelöst hat, kann man es vergessen. Es ist sehr hilfreich, Probleme als Herausforderungen zu sehen, als Möglichkeiten, zu lernen und zu wachsen. Manche Menschen betrachten Probleme sogar als unsere Freunde und als Segen. Geht es im Leben nicht darum, ein Problem nach dem anderen anzugehen? Der große Unterschied ist, wie man sich seinen Problemen stellt und ob man daraus lernt. Wenn man einmal anfängt, Probleme zu lösen und aus ihnen zu lernen, wird das Leben viel einfacher. Meistens ist es viel weniger schmerzhaft, sich dem Problem zu stellen und es zu lösen, als der ganze Prozess, um das Problem herumzutanzen und es zu vermeiden. Die Lösung deiner Probleme ist nicht "da draußen", sondern in dir selbst.

Und um dieses Kapitel positiv abzuschließen, lass uns auf die Probleme, die du in deinem Leben hattest, zurückblicken. Hatte nicht jedes von ihnen etwas Positives an sich? Vielleicht hat dich ein Verlust im Geschäft vor einem noch größeren Verlust bewahrt, weil du daraus gelernt hast. Vielleicht wurdest du von deinem Ehepartner verlassen, aber dann trafst du jemanden, der noch besser für dich war.

In harten Zeiten kann es sehr nützlich für dich sein, den Glauben anzunehmen, dass das Leben/Gott/das Universum dir nur dann ein Problem in den Weg stellt, wenn du es lösen kannst.

11 - Nicht von der Zustimmung anderer Leute abhängig sein

Wenn die Zustimmung anderer Menschen sehr wichtig für dich ist, gibst du ihnen eine enorme Macht über dein Leben und dein Wohlbefinden. Wenn du dich zu sehr auf ihre Meinung verlässt, gibst du ihnen die Möglichkeit, dich und deine Gefühle zu beeinflussen. Du verlierst auch deine Freiheit. Wenn ihre Zustimmung dich gut und glücklich macht, was passiert, wenn sie dich missbilligen oder dich rundheraus kritisieren? Das

Schlimmste ist, wenn du am Ende allen gefallen willst, wirst du niemandem gefallen. Kommt dir das bekannt vor?

Wenn du die Anerkennung anderer brauchst, um dich gut und ganz zu fühlen, dann hast du wirklich ein Problem. Denn jedes Mal, wenn du sie nicht bekommst, wirst du dich schrecklich fühlen. Meistens führt das Bedürfnis nach Anerkennung zu Angst, Frustration und Unzufriedenheit und noch schlimmer, es macht dich anfälliger für deren Kritik.

Die Lösung: Arbeite an deinem Selbstwertgefühl und lerne, dass die einzige Anerkennung, die du brauchst, deine eigene Anerkennung ist. Die einzige Person, mit der du dich vergleichen musst, ist die Person, die du gestern warst. Suche nach Anerkennung in dir selbst und nicht bei anderen Menschen. Das wird eine Menge emotionaler Probleme, Frustration und Ärger verhindern. Gebe der Meinung anderer Menschen die Bedeutung, die sie verdient. Nicht mehr. Nicht weniger. Aber lasse dich davon nicht in deiner Stimmung und deinem emotionalen Wohlbefinden beeinträchtigen.

Die Suche nach der Zustimmung anderer Menschen ist eine massive Zeitverschwendung. Wenn du dich zu sehr darum sorgst, was andere Menschen von dir denken könnten, wirst du dich auf dem Weg dorthin verlieren.

Denke daran: DU hast die Kontrolle. Du musst dich nur vor dir selbst verantworten. Du bist gut genug. Akzeptiere dich so, wie du bist. Je mehr Akzeptanz, desto weniger brauchst die Zustimmung anderer Menschen.

12 - Erfülle zuerst deine Bedürfnisse

Eine der wichtigsten Voraussetzungen für ein gesundes Selbstwertgefühl ist es, zuerst die eigenen Bedürfnisse zu befriedigen. Das mag egoistisch erscheinen, aber vergessen wir nicht, dass wir nur dann, wenn wir in Bestform sind, anderen, einschließlich unserer Freunde, Familien, Mitarbeiter usw., den größten Dienst erweisen können.

Sei kein Märtyrer. Viele Menschen wollen uns davon überzeugen, alles zu tun, um die Bedürfnisse anderer Menschen zu erfüllen, auch wenn der Preis dafür ist, dass wir nahe an nichts heran kommen oder sogar verlieren, was wir bereits haben. Viele Menschen nutzen die Ausrede, anderen zu dienen, um sich der Verantwortung zu entziehen, ihr eigenes Leben zu verändern. Sie sagen, dass andere an erster Stelle stehen müssen, was ein klares Zeichen der Selbsttäuschung ist. Was auf den ersten Blick edel erscheinen mag, könnte sich als Feigheit herausstellen, wenn wir es genauer betrachten. Die Entscheidung für die Selbstaufopferung bedeutet, dass wir andere Menschen und ihre Bedürfnisse für wichtiger halten als unsere eigenen. Es ist auch eine gute Entschuldigung dafür, dass wir unser eigenes Leben nicht leben, weil uns der Mut dazu fehlt. Das ist ein Zeichen von geringer Selbstachtung.

Ein Beispiel wäre jemand, der sich dafür entscheidet, sich zu opfern und sich in einem Missionsprojekt zu vergraben, um seinen eigenen Problemen zu entkommen, weil er nicht in der Lage ist, sich ihnen zu stellen und sie zu beseitigen.

Niemand ist wichtiger als du. Auch ist niemand weniger wichtig als du. Wahre Selbstachtung ist es, die Wichtigkeit von allen anderen zu akzeptieren und dann zuerst deinen Bedürfnissen nachzugehen.

Deine Bedürfnisse sind für dich am wichtigsten, so wie die Bedürfnisse aller anderen am wichtigsten für sie sind.
Wenn du die Welt verändern willst, verändere zuerst dich selbst. Nimm dein Leben in die Hand. Stelle deine Bedürfnisse an die erste Stelle und stoppe alles andere. Sobald deine Bedürfnisse erfüllt sind, geh und lehre andere Menschen, wie sie ihre Bedürfnisse erfüllen können.

13 - Höre auf, Zeit mit den falschen Leuten zu verbringen

Wenn du dein Selbstwertgefühl verbessern willst, führt kein Weg daran vorbei, sehr, sehr genau zu beobachten, mit wem du deine Zeit verbringst. Du musst dich von der Negativität giftiger Menschen fernhalten und die Positivität der unterstützenden Menschen in dein Leben bringen. Umgebe dich mit Menschen, die dir mit deinen Stärken helfen, halte dich von Menschen fern, die deine Leistungen herabsetzen und lasse Beziehungen los, die dich ständig verletzen.

Menschen um dich herum können das Sprungbrett sein, um sich selbst zu motivieren, Mut zu fassen und dir zu helfen, die richtigen Maßnahmen zu ergreifen, aber auf der anderen Seite können sie dich auch nach unten ziehen, deine Energie rauben und als Bremsen bei der Erreichung deiner Lebensziele wirken. Wenn du die ganze Zeit mit negativen Menschen zusammen sind, können sie dich mit der Zeit in eine negative und zynische Person verwandeln.

Es ist wirklich etwas dran an dem Spruch, dass du der Durchschnitt der fünf Personen bist, mit denen du die meiste Zeit verbringst. Nimm das ernst. Die Wissenschaft hat immer wieder bewiesen, dass Einstellungen und Emotionen ansteckend sind. Verbringe deine Zeit mit Menschen, die dich motivieren, an dich glauben und das Beste in dir zum Vorschein bringen.

Manche Menschen möchten dich vielleicht davon überzeugen, dass du aufgibst, weil sie nicht gerne Risiken eingehen und Angst vor Unsicherheit haben. Also, halte dich von den Pessimisten und den Jammerlappen fern. Von den Leuten, die immer urteilen oder tratschen und über alles schlecht reden. Höre nicht auf ihre Meinungen und vertraue deiner eigenen inneren Stimme. Es wird schwierig für dich sein, ein gesundes Selbstwertgefühl zu bekommen und erfolgreich zu werden, wenn die Menschen um dich herum dich vom Gegenteil überzeugen wollen.

Leider werden es oft Menschen aus deinem inneren Kreis sein. Familie und Freunde. Es ist kompliziert, aber du kannst es ernsthaft in Erwägung ziehen, diese Menschen loszulassen, die dich niedermachen und dein Selbstvertrauen und dein Selbstwertgefühl beschädigen. Selbst wenn du weniger Zeit mit ihnen verbringst oder eine vorübergehende Pause einlegst, kann sich dein Selbstwertgefühl dank der Verringerung des negativen Inputs sehr verbessern.

Während du daran arbeitest, selbst ein besserer Mensch zu werden, zu wachsen und sich zu entwickeln, könnten sich negative Menschen von dir abwenden, weil du ihren Zwecken nicht mehr dienst. Sie brauchen jemanden, der ihre Negativität teilt, und wenn du das nicht tust, werden sie sich nach jemand anderem umsehen. Sie werden Ihnen wahrscheinlich sagen, dass du dich verändert hast, dass du nicht mehr so bist wie früher, und die meiste Zeit werden sie dir vielleicht sogar sagen, dass du völlig verrückt geworden bist. Das könnte tatsächlich ein gutes Zeichen sein. Die erfolgreichsten Unternehmer haben das gemeinsam. Wenn es nicht funktioniert, weniger Zeit mit ihnen zu verbringen oder eine vorübergehende Pause zu machen, musst du dich ernsthaft fragen, ob du vielleicht aufhören solltest, sie komplett zu sehen. Aber das ist eine sehr private Entscheidung, die nur du treffen kannst.

Das Leben ist zu kurz, um Zeit mit Menschen zu verbringen, die einen nicht mit Liebe und Respekt behandeln. Lasse sie gehen und finde neue Freunde.

14 - Wähle Beziehungen mit Bedacht

Wähle Beziehungen mit Bedacht. Besonders die romantischen. Dein zukünftiger Erfolg wird viel davon abhängen. Man sagt, du bist der Durchschnitt der fünf Personen, mit denen du die meiste Zeit verbringst. Aber du bist ein noch größerer Durchschnitt der einen Person um dich herum.
Beziehungen sind die Nummer 1 unter den Prädiktoren für langfristiges Glück.
Das einzige, was alle extrem glücklichen Menschen gemeinsam haben, sind gute zwischenmenschliche

Beziehungen. Aber es funktioniert auch andersherum. Der Umgang mit negativen Menschen kann dein Selbstwertgefühl und dein Selbstvertrauen ernsthaft schädigen.

Gehe weg von Beziehungen, die dich nicht mehr nähren.
Gehe weg von Menschen, die dich nicht schätzen.
Gehe weg von negativen Menschen.
Das Leben ist zu kurz, um es in schlechten Beziehungen mit Menschen zu verbringen, die dir dein Glück aussaugen. Ja. Oft braucht es mehr Mut, um wegzugehen, als in einer schlechten Beziehung zu bleiben, aber du kannst es schaffen.

Manchmal ist es besser, allein zu sein, als in schlechter
Gesellschaft. Lasse dich nicht von der Einsamkeit in eine Beziehung treiben, denn es gibt nichts Schlimmeres, als in einer Beziehung einsam zu sein. Es ist sehr wahrscheinlich, dass deine beste Beziehung entsteht, wenn du mit dir selbst im Reinen bist. Es ist irgendwie komisch. Das wird es sein, wenn du keine Beziehung mehr brauchst, um glücklich zu sein, dann wirst du eine tolle Beziehung finden. Bis dahin, arbeite an den Beziehungen zu dir

selbst, sei ein guter Freund. Sei mit Menschen zusammen, die dich unterstützen und schätzen. Weniger ist oft mehr. Auch in der Beziehungs- und Freundschaftsabteilung, wähle Qualität vor Quantität. Führe ein paar qualitativ hochwertige Beziehungen, statt vieler
oberflächlicher.

Wenn es um die EINE Beziehung geht, macht Neil Pasricha, einen sehr wichtigen Punkt in seinem Buch. Er zeigt uns, wie wichtig es ist, einen glücklichen Partner zu wählen, denn die Person, mit der man zusammen ist, hat einen enormen Einfluss auf das Glück.
Er lädt uns ein, unsere romantischen Beziehungen mit unserem Partner oder Ehepartner zu untersuchen und zu schauen, wie viel Zeit wir zusammen glücklich sind, wie oft wir unglücklich zusammen sind und wie oft einer von uns glücklich ist und einer von uns nicht. Dies sind sehr wichtige Fragen, und du musst ganz ehrlich zu dir selbst sein.

Wenn du zum Beispiel 80% der Zeit glücklich bist und dein Partner 80% der Zeit glücklich ist, dann werdet ihr beide zu 64% der Zeit glücklich sein. 64% der Zeit, die ihr zusammen verbringt, werdet ihr beide lächeln, liebevoll und glücklich sein. Das sind die guten Tage. Das Leben macht Spaß. Das Leben ist gut. Es bedeutet auch, dass ihr 4% eurer Zeit zusammen in schlechter Stimmung seid (20% mal 20% sind 4%). Das sind die schlechten Tage, die herausfordernden Tage, die Kämpfe. Sie sind Teil jeder Beziehung, sie sind normal. Sie helfen dir zu wachsen.

Das bedeutet, dass in 32% der Zeit, die ihr zusammen verbringt, einer von euch glücklich ist und einer von euch nicht. Das ist ein Drittel der Zeit, die ihr zusammen verbringt. Ein Drittel der Zeit, die ihr zusammen verbringt, beeinflusst die Stimmung des einen den anderen. Die positive Person zieht die negative Person nach oben, oder die negative Person zieht die positive Person nach unten. Es ist zum Greifen nah.

Sehen wir uns andere Zahlen an. Die Leute, die mit einem nicht so glücklichen Partner gelebt haben, wissen das vielleicht. Wenn du 80% der Zeit glücklich bist und dein Partner 40% der Zeit glücklich ist, dann seid ihr 32% der Zeit glücklich und 12% der Zeit unglücklich zusammen, aber plötzlich sind 56% Ihrer Zeit zu abhängig voneinander. Mehr als die Hälfte der Zeit ziehst du deinen Partner nach oben, oder er/sie zieht dich nach unten.

Was für ein Energieaufwand. Es ist sehr anstrengend, jemanden immer wieder aufzumuntern. Einen Partner deines Glücksniveaus oder höher zu finden, ist zwingend notwendig. Trägt dein Partner zu deinem Glück bei oder lässt er es ausbluten?

- Teil IV -

Glück ist eine Entscheidung

1 - Werde ein Nutzen-Finder

Nach der Wissenschaft der positiven Glückspsychologie besteht unser Glück zu 40% aus absichtlichen Aktivitäten. Dazu gehört auch unsere Denkweise. Es ist nicht das, was uns passiert, das unser Leben bestimmt, sondern was wir mit dem tun, was uns passiert. Es ist die Haltung, die wir gegenüber dem, was uns passiert, einnehmen. Inzwischen verstehst du, dass wir die Wahl haben. Schlimme Dinge passieren, aber es liegt an uns zu entscheiden, wie wir mit der Erfahrung umgehen. Wir haben die Wahl, ein Optimist oder ein Pessimist zu sein. Ein Nutzen-Finder oder ein Fehler-Finder. Die Entscheidung liegt bei uns.
Der "Nutzen-Finder" konzentriert sich immer auf das, was funktioniert, er oder sie sieht immer auf die positive Seite des Lebens, er oder sie macht aus Zitronen Limonade; er oder sie sieht überall Wunder - unter Berücksichtigung der Realität.
Der „Fehler-Finder" hingegen lebt in einer schrecklichen Realität und fühlt sich im Grunde

genommen die meiste Zeit miserabel. Er konzentriert sich immer auf das, was nicht funktioniert, auf all die Dinge oder (noch schlimmer) auf die wenigen Dinge, die nicht gut laufen. Fehlersucher leben ihr Leben auf ihre Probleme konzentriert, klagen ständig und finden selbst im Paradies Fehler. Es ist sehr gefährlich, ein Fehlersucher zu sein. Fehler-Finder denken, sie seien Opfer von Umständen. Sie erkennen nicht, dass ihre Realität das ist, was sie daraus machen.

Egal, welchen Job sie finden, sie haben immer einen schrecklichen Chef. Egal, welche Partner sie haben, sie sind immer schrecklich und rücksichtslos. Egal, in welches Restaurant sie gehen, der Service ist immer schrecklich. Oder wenn der Service ausgezeichnet ist, ist das Essen schrecklich. Es stimmt immer etwas nicht. Sie haben sich mit dieser Realität abgefunden, und ihre Existenz ist zu einer schmerzhaften, sich selbst erfüllenden Prophezeiung geworden.

Aber es gibt gute Nachrichten: Wir können lernen, "NutzenFinder" zu werden, indem wir unsere Gehirne schulen, uns auf das Positive zu konzentrieren, indem wir lernen, die Dinge optimistisch zu interpretieren - in einem positiven Licht. Ja. Manche Menschen akzeptieren die

Situation und sind dann in der Lage, das Beste daraus zu machen. Die Mentalität des Nutzen-Finders ist: "Auch das soll vorbeigehen", "Es wird wieder gut", "Das kenne ich schon, das habe ich schon durchgemacht". Ein Nutzen-Finder lässt sich scheitern und fühlt sich dadurch besser, ist langfristig glücklicher, erlebt mehr positive Stimmungen und ist weniger ängstlich.
Eine tolle Übung, um das Gehirn neu zu verdrahten, um ein
Nutzen-Finder zu werden, ist eine Haltung der Dankbarkeit.

2 - Werde ein Empfänger

Fällt es dir schwer, ein Geschenk anzunehmen? Nun, das hört jetzt auf. Werde ein Empfänger. Es ist sehr wichtig, Geschenke und Dinge mit Freude anzunehmen, und es ist auch das Geheimnis, mehr von dem zu bekommen, was man sich wünscht. Wenn du ein Geschenk bekommst und sagst:

„Oh, das ist nicht nötig", nimmst du dem anderen die Freude am Schenken.

Schaue dir dieses Verhalten genauer an! Verbirgt sich hinter dem "Das ist nicht nötig" ein "Ich verdiene das nicht" oder "Ich bin es nicht wert"? Eine Rechtfertigung ist nicht erforderlich. Vermindere nicht das Vergnügen, für den anderen zu schenken.

Sage einfach ***„Danke"****!*

Ich fordere dich heraus, deine "Empfangsfähigkeiten" zu üben. Wenn dir jemand ein Kompliment macht, nimm es gnädig mit einem "Danke" entgegen. Es gehört dir. Gib es nicht zurück. Du darfst sagen: "Danke! Ich bin froh, dass du so denkst!" und lass den anderen die Erfahrung genießen.

Es wird dir sehr helfen und dein Selbstwertgefühl auf eine ganz neue Ebene bringen, wenn es dir gelingt, die folgenden Verhaltensweisen, die mit einem niedrigen Selbstwertgefühl verbunden sind, auszumerzen:

- Komplimente ablehnen.
- Sich selbst klein machen.

- Anderen Anerkennung zu geben, obwohl du sie verdient hast.

3 - Die kleinen Dinge im Leben genießen

Lasse dir die kleinen Freuden des Lebens nicht entgehen, während du den großen nachjagst. Genieße die Schönheit um dich herum. Genieße die kleinen Dinge. Schiebe das Leben nicht auf, bis du im Lotto gewinnst oder dich zur Ruhe setzt.

Mache die lustigen Dinge jetzt mit dem, was du hast. Lebe jeden Tag voll und ganz, als wäre es dein letzter.

Beginne damit, jetzt glücklich zu sein. Lächle so viel du kannst - auch wenn du nicht in der Stimmung bist, denn mit einem Lächeln sendest du positive Signale an dein Gehirn. Spaß und Humor sind wesentlich für ein gutes langes Leben, berufliche Zufriedenheit, persönliche Erfüllung, persönliche Beziehungen und Lebensbalance. Also, lache viel und habe eine Menge Spaß. Denke an die Gründe, warum du JETZT richtig glücklich bist.

Hast du einen tollen Job? Liebst du, was du tust? Hast du tolle Kinder? Hast du tolle Eltern? Lebst du in einer freien Gesellschaft?

4 - Feiere deine Siege

Es ist von größter Wichtigkeit für dein Selbstwertgefühl, dass du dich ständig über deine Fortschritte bewusst bist. Höre ab und zu auf. Schaue zurück, wo du herkommst und feiere all die kleinen Siege, die du auf der Reise hattest. Nimm diese kleinen Siege nicht als selbstverständlich hin und lasse sie keinesfalls unbemerkt.

Jeder abgeschlossene Handlungsschritt ist es wert, gefeiert zu werden. Für jede abgeschlossene Übung in diesem Buch, für jede kleine Verbesserung, die du machst, belohne dich selbst. Und wie? Du kannst ins Kino gehen oder dir etwas kaufen, was du schon immer wolltest. Tu, was immer sich gut für dich anfühlt.

Wenn du eine signifikante Verbesserung siehst, mach einen kleinen Ausflug. **Du hast es dir verdient.**

5 - Das Glas halb voll sehen

Man sieht immer mehr von dem, worauf man sich konzentriert. Daher sind die Vorteile, das Glas halb voll zu sehen, zahllos. Je mehr du dich auf positive Dinge wie Glück, Optimismus und Dankbarkeit konzentrierst, desto mehr wirst du all die positiven Dinge um dich herum sehen und desto besser wirst du dich fühlen. Je mehr dein Gehirn das Positive aufnimmt, desto mehr erwartest du, dass sich dieser Trend fortsetzt, und desto optimistischer wirst du sein.

Wir haben von Victor Frankl gelernt, dass man auch unter den schlimmsten Umständen etwas Gutes finden kann. Das
Positive zu finden, bedeutet nicht, sich von der "realen Welt" zu lösen und das Negative zu ignorieren. Beides existiert nebeneinander, aber man wählt das, was in die eigene Wahrnehmung eintritt. Das Tolle ist, dass, wenn man einmal positive Ergebnisse erwartet, diese dadurch leichter entstehen können - weil unsere Überzeugungen und Erwartungen sich in selbsterfüllende Prophezeiungen verwandeln. **Ein kleines Beispiel:**

Selbst eine stehengebliebene Uhr zeigt zwei mal am Tag die richtige Uhrzeit an!

Du kannst dein Gehirn trainieren, sich auf das Positive zu konzentrieren und als Ergebnis davon mehr Möglichkeiten mit zwei sehr einfachen Übungen sehen:

1) Mache täglich eine Liste all der guten Dinge, die dir in deinem Job, deiner Karriere und deinem Leben passiert sind. 2) Erinnere dich nachts an drei gute Dinge, die dir im Laufe des Tages passiert sind, und erlebe sie noch einmal in deinem Kopf.

Lasse dich nicht von der Einfachheit dieser Übungen täuschen. Sie sind sehr kraftvoll. Ich mache sie größtenteils für meinen Erfolg verantwortlich, dafür, dass ich jetzt überall Möglichkeiten sehe. Wenn du dies nur FÜNF MINUTEN am Tag tust, trainierst du dein Gehirn, um besser zu erkennen und sich auf die Möglichkeiten des persönlichen und beruflichen Wachstums zu konzentrieren und diese auch zu ergreifen und zu handeln.

Wenn du diese Übung nur eine Woche lang machst, wirst du nach 1, 3 und 6 Monaten glücklicher und weniger depressiv sein. Auch nach dem Abbruch der Übung bleibst du deutlich glücklicher und zeigst mehr Optimismus. Du wirst immer besser darin, die Welt nach guten Dingen zu durchsuchen und sie aufzuschreiben, und du wirst mehr und mehr Möglichkeiten sehen, wohin du auch schaust.

Die Dinge, die du aufschreibst, müssen nicht kompliziert oder tiefgründig sein - nur spezifisch. Oft sind es die einfachen Dinge, wie das Lächeln eines Kindes, köstliches Essen, Anerkennung bei der Arbeit, ein Moment in der Natur, etc. Mache das zur Gewohnheit. Mache es jeden Tag zur gleichen Zeit. Und stelle sicher, dass das, was du dafür brauchst, leicht verfügbar und bequem ist.

Eine letzte Warnung. Falscher Optimismus hilft nicht viel und führt früher oder später sogar zu Desillusionierung, Wut und Hoffnungslosigkeit. Du musst dich zu einem "realistischen Optimisten" ausbilden. Positives Denken allein reicht nicht aus. Es ist nur ein Teil der Formel. Man muss auch noch Optimismus, Leidenschaft und harte Arbeit hinzufügen.

6 - Sei dankbar für das, was du hast

Dankbarkeit.

Die Kraft der Dankbarkeit ist erstaunlich. Wenn du einmal anfängst, eine Haltung der Dankbarkeit einzunehmen, wirst du die Vorteile davon in nur wenigen Wochen bemerken. Es ist wissenschaftlich erwiesen, dass Menschen, die Dankbarkeit praktizieren, glücklicher, optimistischer und sozialer werden. Sie schlafen besser, haben weniger Kopfschmerzen und mehr Energie. Sie werden auch weniger depressiv, fühlen weniger Angst und werden emotional intelligenter. Dankbarkeit ist auch ein bewährtes Gegenmittel gegen Neid und Wut.

Dankbarkeit verdrahtet dein Gehirn neu, um mehr von den positiven Dingen um dich herum zu sehen. Du wirst mehr Möglichkeiten sehen und du wirst offene Türen für dich sehen, wo vorher nicht einmal eine Tür war.

Mache Dankbarkeit zur täglichen Gewohnheit. Wenn du dankbar bist für das, was du hast, werden mehr Dinge in dein Leben kommen, für die du dankbar sein kannst. Sei also dankbar für das, was du hast und warte auf die, die du noch nicht hast.

Mache diese paar Übungen drei Wochen lang und lasse mich wissen, was sie für dich getan haben:

1. Schreibe drei Dinge auf, für die du jeden Tag dankbar sind. Spüre die Dankbarkeit mit deinem ganzen Körper und deiner Seele.

2. Mache die Dinge, für die du in deinem Leben dankbar bist. Meine Liste enthält Orte, die ich besucht habe, Freunde, Erfahrungen, sogar schlechte Erfahrungen mit Menschen, weil sie mir die Möglichkeit gaben, zu lernen.

7 - Eine positive Umgebung schaffen

Was du siehst - und auch das, was du nicht bewusst siehst, selbst wenn es da ist - hat einen tiefgreifenden Einfluss auf deine Stimmungen, Einstellungen und dein Verhalten. Unter anderem kannst du dich so programmieren, dass du dich als jemand siehst, der im Leben sehr erfolgreich ist. Wissenschaftler nennen das "Priming" oder

"Konditionierung". Das ist, wenn jemand - oder du selbst - bewusst oder unbewusst einen Samen, einen Glauben oder ein Bild in dein Geist pflanzt und wie dies dann dein Verhalten beeinflusst. Du kannst die Kraft der Worte und die Kraft deiner Überzeugungen nutzen, um dein Selbstwertgefühl zu maximieren, indem du ein positives Umfeld schaffst, das das Beste in dir zum Vorschein bringt. Hier sind einige Beispiele, wie du das tun kannst: Schaffe einen besonderen Ort zu Hause oder in deinem Büro, an dem du Dinge und Gegenstände ausstellen, die dich an deine Erfolge erinnern und dich motivieren. Umgebe dich mit gewonnenen Preisen, mit Fotos deiner Liebsten und Fotos von Orten, die du liebst. Stelle deine Lieblingsobjekte auf deinen Bürotisch, wie z.B. deine Lieblingssouvenirs aus deinem Lieblingsurlaub oder deine Lieblingsbücher. Höre deine Lieblingsmusik, so oft du kannst, und sieh dir motivierende Videos an, die dich inspirieren.

Zum Beispiel, wenn du eine harte Zeit hast oder wenn du arbeitslos bist. Jetzt, wo du die Vorteile der Grundierung oder der Schaffung einer positiven Umgebung kennst, kannst du dir eine solche schaffen. Höre dir nur positive Reden an oder sieh dir viele inspirierende Videos an. Habe deine

Lieblingsbücher ganz in deiner Nähe. Lese sie und schlage ab und zu nach. Habe deine Lieblingszitate in deiner Nähe (in einem Notizbuch oder in einem speziellen Dokument auf Ihrem Computer oder Smartphone) und lese sie jeden Tag. Deine bevorzugten inspirierenden Zitate könnten Zitate über den Umgang mit der Angst sein, wie z.B. eines meiner Lieblingszitate "Fühle die Angst und tue es trotzdem" oder "Die Höhle, vor der du Angst hast, sie zu betreten, birgt den Schatz, den du suchst", "siebenmal hinunterfallen, achtmal aufstehen".
Jeder Misserfolg ist die Saat einer noch größeren Chance. Das Wichtigste ist, dass du nicht nur diese inspirierenden Zitate liest, sondern auch nach ihnen HANDELST.

Denke einfach daran:
Im Allgemeinen ist es fröhliche Musik = fröhliche Stimmung, traurige Musik = traurige Stimmung.
Probier es aus. Das wird Dein Selbstwertgefühl,
Dein Wohlbefinden und Deine Leistungsfähigkeit
unglaublich steigern.

8 - Schaffe dir dein eigenes Glück

Reden wir über Glück. Haben manche Leute einfach Glück? Warum scheinen manche von uns ständig Glück zu haben, während andere vom Pech verfolgt werden? Können wir etwas gegen unser Glück tun, oder ist es nur etwas, das uns passiert? Aber bevor wir weitermachen: Warum spreche ich in einem Buch über Glück in meinem Selbstwertgefühl? Weil es unmöglich ist, ein gesundes Selbstwertgefühl aufzubauen, wenn man glaubt, dass man vom Pech verfolgt wird.

1. Glückliche Menschen schaffen, bemerken und nutzen die Chancen in ihrem Leben. Sie bauen starke Netzwerke auf, haben eine entspannte Lebenseinstellung und sind offen für neue Erfahrungen.
2. Glückliche Menschen treffen erfolgreiche Entscheidungen, indem sie ihre Intuition und ihr Bauchgefühl einsetzen. Sie hören auf ihre Intuition und unternehmen Schritte, um sie zu stärken.
3. Die Erwartungshaltung an die Zukunft hilft ihnen, ihre Träume und Ambitionen zu erfüllen. Sie erwarten, dass ihr Glück weitergeht und sie versuchen, ihre Ziele zu erreichen, auch wenn ihre Erfolgschancen gering erscheinen. Sie bleiben auch

im Angesicht des Misserfolgs standhaft und erwarten, dass ihre Interaktionen mit anderen glücklich und erfolgreich sein werden.

4. Glückliche Menschen sind in der Lage, ihr Pech in Glück zu verwandeln, indem sie immer die positive Seite ihres Unglücks sehen. Sie sind davon überzeugt, dass sich jedes Unglück in ihrem Leben langfristig zum Besten wenden wird.

Also, ja. Glück oder Unglück zu haben, ist eine reine Frage der Erwartung, dass gute Dinge mit dir geschehen werden. Wenn Sie in der Negativität feststecken, ist dein Gehirn unfähig, Gelegenheiten wahrzunehmen. Wenn du positiv bist, bleibt dein Gehirn offen, um diese Chancen zu sehen und sie zu ergreifen.

Noch einmal: Es sind unsere Erwartungen, die unsere Realität schaffen: Wenn wir ein positives Ergebnis erwarten, ist unser Gehirn darauf programmiert, das Ergebnis zu bemerken, wenn es tatsächlich eintritt.

9 - Positiv sein

Du bist nicht als Optimist oder Pessimist geboren. Es ist keine Frage der Gene, okay. Manche Menschen werden glücklicher und manche etwas unglücklicher geboren, aber ein Optimist oder Pessimist zu sein, läuft letztlich auf eines hinaus:
Wie interpretierst du Ereignisse?
Deutest du ein Ereignis als permanent ("nie") oder als vorübergehend (einen Schritt näher)?
Siehst du das Scheitern als eine Katastrophe und gibst auf oder siehst du darin eine Chance für den Erfolg?
Ich habe großartige Neuigkeiten! Optimismus ist lernbar und das Lernen, Ereignisse als Optimist zu interpretieren, führt zu viel höherem Erfolg. Es stärkt auch dein biologisches und psychologisches Immunsystem. Und nicht zuletzt... Optimisten leben länger. Das bedeutet nicht automatisch, dass alle Pessimisten jung sterben, denn es gibt noch mehr Dinge zu berücksichtigen. Es bedeutet auch,…

dass nicht alle Optimisten lange leben. Wenn du 40 Zigaretten am Tag rauchst, hilft es dir vielleicht nicht viel, ein Optimist zu sein.(In Hinsicht auf ein langes Leben)

Außerdem gibt es noch eine andere sehr wichtige Sache, bei der man vorsichtig sein muss: Falscher Optimismus führt früher oder später zu Desillusionierung, Wut und Hoffnungslosigkeit. Wir müssen uns zu "realistischen Optimisten" ausbilden.
Positives Denken allein reicht nicht aus. Man muss auch Optimismus, Leidenschaft und harte Arbeit zur Erfolgsformel hinzufügen.
Ein weiterer Grund ist, dass unsere Eltern oft um uns, um unser Glück und um unser Selbstwertgefühl besorgt sind. Sie wollen nicht, dass wir enttäuscht werden. Sie glauben, dass zu hohe Erwartungen zu Enttäuschungen führen, aber das ist völlig falsch. Vielmehr sind es falsche Erwartungen, die zu Enttäuschungen führen. In diesem Fall ist die falsche Erwartung, dass Ereignisse uns glücklich oder unglücklich machen können. Das ist falsch. Die Wissenschaft hat herausgefunden, dass es Höhen und Tiefen rund um ein Grundniveau des Wohlbefindens gibt. Diese Höhen und Tiefen im Leben sind unvermeidlich, wie du damit umgehst, ist deine Entscheidung.

Wenn du mit den Problemen umgehen kannst, anstatt sie zu vermeiden, wenn du dich den Dingen stellst, wenn du Risiken eingehst, wenn du mit den

Dingen umgehst, wenn du es versuchst, dann steigt dein Grundglück, und darum geht es.
Sei ein Optimist. Das ist gesünder für dich :-)

10 - Viel lächeln

Wenn du es nicht schon tust, beginne heute bewusst zu lächeln. Sieh dir Kinder an, zum Beispiel. Man sagt, dass 4- bis 6-jährige Kinder 300-400 Mal am Tag lachen, während Erwachsene nur 15 Mal lachen. Wir nehmen das Leben viel zu ernst.
Lächele! Auch wenn du keine Lust hast. Lächeln verbessert deine Lebensqualität, Gesundheit und Beziehungen - und natürlich auch dein Selbstwertgefühl. Wenn du lächelst, werden Serotonin und Endorphine (die dir ein gutes Gefühl geben) freigesetzt. Das Lächeln senkt auch den Blutdruck und erhöht die Klarheit. Es stärkt die Funktion deines Immunsystems und sorgt für eine positivere Lebenseinstellung. Wenn du lächelst, sendet dein gesamter Körper die Botschaft "Das Leben ist großartig" in die Welt hinaus. Du wirst als selbstbewusster und vertrauenswürdiger empfunden. Die Menschen werden sich in deiner Umgebung einfach gut fühlen.

Die Wissenschaft hat gezeigt, dass tägliches Lachen oder Lächeln deinen Geisteszustand und deine Kreativität verbessert. Also, lache mehr!! Ich empfehle dir dringend, dir jeden Tag ein paar Minuten lustige YouTube-Videos oder Comedy anzusehen und zu lachen, bis dir Tränen über die Wangen rollen. Manche Menschen haben sich tatsächlich von Krankheiten geheilt, indem sie sich den ganzen Tag lang Comedy angeschaut haben! Du wirst dich viel besser und voller Energie fühlen, wenn du diese Gewohnheit annimmst - die Wissenschaft sagt, dass du sogar produktiver wirst! Probiere es doch einfach aus.

Lächeln sendet ein Signal an dein Gehirn, dass alles in Ordnung ist. Versuche es einfach das nächste Mal, wenn du dich gestresst oder überfordert fühlst, und lass es mich wissen, ob es funktioniert hat.

Es funktioniert nämlich. Manchmal haben wir keinen Grund zu lächeln. Wenn du glaubst, überhaupt keinen Grund zum Lächeln zu haben, halte einen Stift oder ein Stäbchen mit den Zähnen. Es simuliert ein Lächeln und erzeugt die gleichen Effekte in deinem Gehirn, wie ein echtes Lächeln. Ihr Gehirn denkt, dass du glücklich bist und beginnt Glückshormone freizusetzen und dann wirst du glücklicher. Natürlich geht es nicht darum, ein Lächeln vorzutäuschen und die Traurigkeit zu unterdrücken, aber diese kleinen Tricks können dir an einem schlechten Tag einen Vorteil verschaffen, und du kannst dich am Ende trotzdem gut fühlen. Versuche es wie gesagt einfach.

11 - Verwöhne dich selbst

Ein einfacher und sehr effektiver Weg, dein Selbstwertgefühl zu steigern, ist, dich selbst sehr, sehr gut zu behandeln und sehr nett zu dir selbst zu sein. Verwöhne dich selbst. Du veränderst die Art und Weise, wie Menschen dich behandeln, indem du die Art und Weise, wie du dich selbst behandelst, veränderst.

Das ist eine Tatsache.

Für den Anfang schreibst du eine Liste mit 15 Dingen auf, die du tun kannst, um dich selbst zu verwöhnen, wie z.B. sich etwas "Zeit allein" nehmen, ein gutes Buch lesen, ins Kino gehen, eine Massage bekommen, die Natur erkunden, einen Sonnenaufgang beobachten, am Wasser sitzen, mit dem Ehepartner spazieren gehen, einen Freund anrufen, jemanden zum Mittagessen einladen, Ihre

Lieblingsmusik hören, ein Schaumbad nehmen, einen Spa-Tag zu haben, einen Drink zu nehmen, einen Filmabend zu Hause zu machen, im besten Hotel oder Restaurant der Stadt zu frühstücken und so weiter.
Sei kreativ.

Es ist wirklich erstaunlich. Sobald du anfängst, dich selbst gut zu behandeln, werden diese kleinen Übungen Wunder für dein Selbstwertgefühl bewirken.

Mache also - wie gesagt - eine Liste mit allen Dingen, die du tun wirst, und mache dann jeden Tag oder zumindest jeden zweiten Tag eine davon für die nächsten zwei Wochen. Reserviere dir etwas Zeit für deine besonderen Momente in deinem Zeitplan.

12 - Schaffe dein eigenes Glück

Glück ist eine Wahl, und die größten Hindernisse sind selbst erzeugte Einschränkungen wie der Glaube, dass man des Glückes nicht würdig ist.

Wenn du dich des Glücklichseins nicht würdig fühlst, dann hast du auch nicht das Gefühl, dass du die guten Dinge im Leben verdienst, die Dinge, die dich glücklich machen und die genau das sind, was dich davon abhält, glücklich zu sein. Aber mach dir keine Sorgen. Du kannst lernen, glücklicher zu werden.

Die Wissenschaft bestätigt, dass das Glück eine Wahl ist. Es hängt von unserer Wahl ab, worauf wir uns konzentrieren. Also, wähle das Glück. Entscheide selbst, dich auf all die guten Dinge um dich herum zu konzentrieren, lächle viel, sei dankbar für das, was du hast, meditiere fünf Minuten am Tag und gehe dreimal pro Woche dreißig Minuten laufen. Dies sind wissenschaftlich erwiesene Übungen, die dich glücklicher machen.

Der Unterschied zwischen extrem glücklichen und extrem unglücklichen Menschen besteht nicht darin, dass sich eine Gruppe traurig, ängstlich oder deprimiert fühlt und die andere nicht. Der Unterschied ist, wie schnell wir uns von diesen schmerzhaften Emotionen erholen. Glück ist keine Sache, die einem passiert. Es ist eine Wahl, aber es erfordert Anstrengung. Warte nicht darauf, dass dich jemand anderes glücklich macht, denn das könnte ein ewiges Warten sein.

Keine Person oder Umstände von außen können dich glücklich machen. Nur du kannst dich selbst glücklich machen.
Glück ist ein innerer Job. Äußere Umstände sind nur für 10% deines Glückes verantwortlich. Die anderen 90% sind, wie du dich angesichts dieser Umstände verhältst und welche Haltung du einnimmst. Das wissenschaftliche Rezept für Glück sind äußere Umstände 10%, Gene 50% und absichtliche Aktivitäten - da kommen das Lernen und die Übungen ins Spiel - 40%. Manche Menschen werden glücklicher geboren als andere, aber wenn man unglücklicher geboren wird und die Übungen praktiziert, wird man glücklicher als jemand, der glücklicher geboren wurde und sie nicht macht. Was beide Gleichungen gemeinsam haben, ist der geringe Einfluss von äußeren Umständen auf unser Glück. Wir nehmen gewöhnlich an, dass unsere Umstände einen viel höheren Einfluss auf unser Glück haben.

Sei glücklich mit dem, was du bist. Das Lustige daran ist, dass Glück oft dann gefunden wird, wenn man aufhört, danach zu suchen. Genieße jeden einzelnen Moment. Erwarte Wunder und

Möglichkeiten an jeder Ecke, und früher oder später wirst du auf sie stoßen. Worauf auch immer du dich konzentrierst, du wirst mehr davon sehen. Entscheide dich, dich auf Gelegenheiten zu konzentrieren, entscheide dich, dich auf das Gute zu konzentrieren, und entscheide dich, dich auf das Glück zu konzentrieren. Schaffe dir dein eigenes Glück.

13 - Schreibe ein Tagebuch

Willst du dein Selbstwertgefühl deutlich verbessern? Beginne mit dem Journaling. Als Nebenprodukt wirst du auch glücklicher und erfolgreicher werden. Ja, ein Tagebuch zu führen und über seine Tage nachzudenken, bewirkt diese Art von Wundern.
Nimm dir am Ende des Tages ein paar Minuten Zeit und schaue dir an, was du gut gemacht hast, verschaffe dir eine Perspektive, erlebe die glücklichen Momente noch einmal und schreibe alles in dein Tagebuch.

Dies wird dir jeden Morgen und Abend einen zusätzlichen Schub an Glück, Motivation und Selbstwertgefühl geben. Es hat den positiven

Nebeneffekt, dass du dich kurz vor dem Schlafen auf positive Dinge konzentrierst, was sich positiv auf deinen Schlaf und dein Unterbewusstsein auswirkt. Du konzentrierst dich auf die positiven Dinge des Tages und die Dankbarkeit statt auf die Dinge, die nicht gut funktioniert haben, was dich wahrscheinlich wach halten würde.

Bemühe dich, die folgenden Fragen jede Nacht vor dem Schlafengehen zu beantworten und schreibe es in dein
Tagebuch:

- Wofür bin ich dankbar? (Schreiben Sie 3 -5 Punkte)
- Welche drei Dinge haben mich heute glücklich gemacht?
- Welche drei Dinge habe ich heute besonders gut gemacht?
- Wie hätte ich den heutigen Tag noch besser machen können?
- Was ist mein wichtigstes Ziel für morgen?

Gebe nicht zu schnell auf. Deine Tagebuchführung wird mit dem Training besser werden. Schreibe, was dir in den Sinn kommt, ohne nachzudenken und urteile nicht darüber. Mach dir keine Sorgen über deinen Stil oder Fehler. Mache das einen Monat lang jeden Tag und beobachte die Veränderungen, die stattfindet! Ein normales Notizbuch oder ein Kalender sollte für den Anfang genügen.

Journale verbessern deine Konzentration und verringern den Stress. Studien haben ergeben, dass es unzählige gesundheitliche Vorteile hat. Eine Studie der Abteilung für Psychologische Medizin der Universität von Auckland Neuseeland aus dem Jahr 2013 fand sogar heraus, dass es eine schnellere Wundheilung fördert!
Die Mitglieder der Journaling-Gruppe heilten über 75 % schneller als ihre nicht Journal-schreibenden Kollegen. Weitere Forschungen zeigen, dass das Journaling zu einer geringeren Abwesenheit von der Arbeit und sogar einer schnelleren Wiedereinstellung nach einem Arbeitsplatzverlust beiträgt.

Denke darüber nach. Menschen, die nur 15 Minuten am Tag in ihr Tagebuch schrieben, heilten ihre Wunden schneller und verbesserten sogar ihr Immunsystem. Wenn es dafür eine Pille gäbe, würde sie weg gehen wie warme Semmeln.

Das Schreiben über die Dinge rückt sie in die richtige Perspektive. Es strukturiert und organisiert Ihre Gedanken und Gefühle. Das hilft dir letztendlich, durchzukommen. Du wirst besser schlafen, dich besser fühlen und denken und ein reicheres soziales Leben haben. All das stärkt dein Immunsystem und verbessert deine Gesundheit.

14 - Betrachte die positive Seite

Es gibt nichts Gutes oder Schlechtes; es ist unser Denken, das es so macht. Alle Situationen sind zuerst neutral, und dann macht dein Urteil die Situation gut oder schlecht. Die Erfahrungen selbst sind neutral, bis wir anfangen, ihnen einen
Sinn zu geben.
Wenn wir eine Situation für schlecht halten, dann nur, weil wir sie von diesem Standpunkt aus sehen. Wenn wir glauben, dass sie schlecht ist, werden wir Informationen finden, die unsere Überzeugung bestätigen (ob sie nun richtig ist oder nicht).

Es funktioniert in der gleichen Weise umgekehrt. Wenn wir uns entscheiden, die Situation von einem positiven Standpunkt aus zu sehen, werden wir nach

Beweisen suchen, die unsere Überzeugung bestätigen. Denke daran: Du siehst immer mehr von dem, worauf du dich konzentrierst.

Lerne, Situationen neu zu interpretieren. Trainiere, nach den positiven Seiten der Dinge zu suchen, und du wirst viel mehr Möglichkeiten haben, die positiven Auswirkungen zu sehen, die in der Erfahrung liegt.
In allem Schlechten ist etwas Gutes verborgen - auch wenn es manchmal etwas Zeit braucht, um es zu entdecken.
Es ist nicht wichtig, was in deinem Leben passiert, sondern wie du auf das, was dir passiert, reagierst. Das Leben ist eine Kette von Momenten - einige sind glücklich, andere traurig - und es hängt von dir ab, das Beste aus jedem einzelnen dieser Momente zu machen. Wenn du auf jede negative Erfahrung in deinem Leben zurückblickst, wette ich, dass du etwas Gutes darin finden wirst. Suche immer das Gute in jeder Situation und die Qualität deines Lebens wird sich drastisch verändern.

Für dein Selbstwertgefühl ist es von größter Bedeutung, eine positive Einstellung zu haben und zu wissen, die positive Seite von allem, was dir passiert, zu finden. Indem du dich bewusst dafür entscheidest, dich auf die positive Seite jeder Situation zu konzentrieren, der du begegnest, entscheidest du dich dafür, die volle Kontrolle über dein Leben zu übernehmen, und du hörst auf, ein Opfer zu sein.

Ihre Einstellung kann deine Art, die Dinge zu sehen, und auch deine Art, ihnen zu begegnen, dramatisch verändern. Das Leben besteht aus Lachen und Tränen, Licht und Schatten. Du musst die traurigen Momente akzeptieren, indem du deine Art, sie zu betrachten, änderst. Alles, was dir passiert, ist eine Herausforderung und eine Chance zugleich.

15 - Jeden Tag eine selbstlose Tat vollbringen

Wenn du Freundlichkeit verschenkst, kommt sie normalerweise zu dir zurück, Nutze dies zu deinen Gunsten. Unzählige Studien beweisen, dass Glück und Selbstwertgefühl wachsen, wenn man anderen Menschen hilft.

Viele sagen, dass man sich mit Geld kein Glück kaufen kann, aber es ist nun eine Tatsache, dass das Ausgeben von Geld für andere Menschen oder

Erfahrungen einen glücklicher macht. Man kann die Welt ein bisschen besser machen, indem man jeden Tag nett zu einem Fremden ist.

Biete deinen Platz im Zug an, halte die Tür für jemanden auf, verstaue das Handgepäck von jemandem auf deinem nächsten Flug, schenke viele Lächeln und so weiter. Sei kreativ.

Wenn du jeden Tag eine selbstlose Tat vollbringst, wirst du nach einer Weile merken, dass Menschen für dich selbstlose Taten vollbringen. Der schwierige Teil ist: Erwarte nicht, dass sie es tun. Tue anderen Menschen Gutes, ohne eine Gegenleistung zu erwarten.

Erkenne die Menschen aufrichtig an, behandle sie nett, sage aufrichtig danke. Wenn du dich erst einmal daran gewöhnt hast, selbstlos zu handeln, wird Gutes tun dasselbe sein, wie sich gut zu fühlen.

Die Verbesserung der Welt beginnt mit dir. Fang heute an und tu jeden Tag mindestens EINEN zufälligen Akt der Freundlichkeit. Beeinflusse das Leben anderer Menschen positiv und signifikant, und dein Selbstwertgefühl wird in die Höhe schießen.

- Teil V -

Die Kraft des Fokus

1 - Konzentriere dich auf das, was du willst

Das, worauf du dich konzentrierst, erweitert sich. Der Hauptgrund, warum die Menschen nicht bekommen, was sie wollen, ist, dass sie nicht einmal wissen, was sie wollen. Der zweite Grund ist, dass sie sich zwar selbst sagen, was sie wollen, sich aber auf das konzentrieren, was sie nicht wollen.

Denke daran, dich von jetzt an auf das zu konzentrieren, was du willst. Wenn du dich auf die Stärken einer Person konzentrierst, der du begegnest, wirst du mehr von ihnen sehen, und wenn du dich auf ihre Schwächen konzentrierst, wirst du diese überall sehen. Vorsicht: Dasselbe gilt auch für DEINE Stärken und Schwächen.

Wo liegt dein Fokus? Auf das Positive oder das Negative? Auf die Vergangenheit oder die Gegenwart? Konzentriere dich auf Probleme oder Lösungen? Das ist entscheidend. Hier geht für die meisten Menschen das Gesetz der Anziehung schief und sie geben auf. Sie sagen "Ich ziehe Geld an",

"Ich bin wohlhabend", aber gleichzeitig konzentrieren sie sich die meiste Zeit auf die Rechnungen, die sie bezahlen müssen, auf das Geld, das ausgeht, auf die Tatsache, dass sie nicht zu viel verdienen. Was passiert also? Sie ziehen mehr von den Dingen an, die sie nicht wollen.

DU ziehst mehr von dem an, worauf du dich konzentrierst. Deine Energie wird in die Richtung deines Fokus fließen, und dein Fokus bestimmt deine gesamte Wahrnehmung der Welt.

Konzentrieren dich auf Möglichkeiten, und du wirst mehr Möglichkeiten sehen! Konzentriere dich auf den Erfolg und der Erfolg wird zu dir kommen. Konzentriere dich darauf, dein Selbstwertgefühl zu steigern, und dein Selbstwertgefühl wird zunehmen.

2 - Konzentriere dich auf deine Stärken

Wenn du oft in der Nähe von giftigen Menschen bist, könnten diese versuchen, deine Schwächen herauszuarbeiten. Ignoriere sie. Während es gut ist, sich unserer Schwächen bewusst zu sein - wir kennen sie, wir brauchen niemanden, der uns ständig

daran erinnert - ist es noch besser für uns, uns bewusst zu werden und uns auf unsere Stärken zu konzentrieren. Und warum? Weil wir mehr von dem sehen, worauf wir uns konzentrieren. Wovon seht ihr mehr? Richtig, das dachte ich mir. Deine Stärken.
Also, sehen wir sie uns an. Zeit, herauszufinden, worin du gut bist, richtig? Warum nimmst du nicht ein separates Blatt Papier heraus. Ich bin bereit. Okay... Jetzt geht's los.

Was sind deine TOP FÜNF Persönlichen Qualitäten und beruflichen Stärken, d.h. was sind deine einzigartigen Stärken?
Worauf bist du am meisten stolz?
Was kannst du am besten?
Was sind deine wichtigsten persönlichen und beruflichen
Leistungen?
Worüber freust du dich am meisten und worauf bist du stolz?
Was sind deine persönlichen und beruflichen Stärken?
Wen kennst du?
Was kennst du?

Welche Begabungen hast du?
Was macht dich einzigartig und kraftvoll?

Wie fühlt sich das an?
Hast du deine Stärken gefunden? Ja? Dann ist es Zeit, sie zu stärken. Übe sie und konzentriere dich auf sie - die, die du hast und die, die du willst.

3 - Mache die Arbeit, die du liebst

Du verbringst die meiste Zeit bei der Arbeit und die meisten Menschen sind unglücklich an ihrem Arbeitsplatz. Um genau zu sein, 70% der Menschen sind unglücklich am Arbeitsplatz.
Wenn du einer von ihnen bist, ist es normal, dass du morgens nicht aus dem Bett kommst, die Schlummertaste deines Weckers mehrmals drückst und so spät wie möglich aufstehst. Wenn du dann einmal an deinem Arbeitsplatz bist, scheint die Zeit langsam zu vergehen und es ist schwierig, sich deinen täglichen Aufgaben zu stellen. Also, was machen wir jetzt? Wir erfinden Ausreden, um uns zu sagen, dass es uns gut geht und dass wir woanders wahrscheinlich schlechter dran wären. Wir freuen

uns auf unseren Gehaltsscheck, das Wochenende, den nächsten Feiertag oder unseren Urlaub.

Wenn wir an diesem Punkt angekommen sind, gibt es drei Möglichkeiten:

1. Bleib bei deiner Arbeit und werde noch verbitterter und unglücklicher.

2. Den Arbeitsplatz wechseln. Es macht keinen Sinn, sein Leben in einer Situation wie dieser zu leben. Vielleicht kannst du dich im Moment nicht beruflich verändern, weil du eine Familie, eine Hypothek und Rechnungen zu bezahlen hast, aber du kannst anfangen, Pläne zu machen und nach Alternativen zu suchen. Setze realistische Ziele, teile diese in kleinere Aufgaben auf und beginne, Schritt für Schritt darauf hinzuarbeiten. Tu mehr von dem, was du liebst. Ein Karriere-Coach kann dabei eine große Hilfe sein.

3. Finde den Sinn deiner Arbeit und sehe sie aus einer anderen Perspektive. Das Gute daran ist: Es hängt eigentlich nicht so sehr von der Arbeit ab, die du machst, sondern noch mehr

von deiner Wahrnehmung der Arbeit. Es wird immer positive Komponenten einer Arbeit geben.

Wenn du deine Arbeit liebst, gewinnen alle. Wenn dir deine Arbeit Spaß macht, bist du glücklicher, und als Folge davon ist, dass du viel effektiver und produktiver bei deiner Arbeit bist. Das steigert wiederum das Ergebnis des Unternehmens, trägt zur Zufriedenheit aller um dich herum bei, bietet deinen Kunden ein großartiges Produkt und einen großartigen
Kundenservice. Wie ich schon sagte: Jeder gewinnt.

4 - Lerne und übe neue Fähigkeiten

Mindestens einmal im Monat etwas Neues lernen. Mache verschiedene Aktivitäten, die du mit deinen Fähigkeiten in Kontakt bringst. Es muss kein großes Projekt sein. Nur eine kleine Sache. Jeden Tag ein Wort einer neuen Sprache, Kontrolle über dein Budget, ein neues Kochrezept lernen. Indem du neue Dinge lernst, wirst du Selbstvertrauen zu dir selbst gewinnen.

Wenn du einmal neue Fähigkeiten erlernt hast, kannst du diese bei Gelegenheit in die Praxis umsetzen. Was hat das mit deinem Selbstwertgefühl zu tun? Sehr viel! Zunächst einmal nimmst du dein Leben in die Hand und sind nicht von anderen Menschen abhängig.

Zweitens: Du erwirbst neue Fähigkeiten, Dinge, von denen du vielleicht dachtest, dass du vorher nicht in der Lage dazu warst, sie zu tun, und ihre Umsetzung in die Praxis wird deine Gefühle von Fähigkeit, Kompetenz und Selbstwert stärken, die extrem wichtige Bestandteile deines Selbstwertgefühls sind. Wenn sie einmal hochgehen, steigt dein Selbstwertgefühl. Je mehr Dinge du lernst, desto mehr wirst du die Kontrolle über dein Leben haben und nicht von anderen Menschen abhängig sein.

Ein weiterer Nebeneffekt ist, dass kleine Dinge oft zu großen Ergebnissen führen. In einer Studie mit den glücklichsten Menschen wurde herausgefunden, dass sie jeden Tag neue Dinge tun. Diese kleinen Veränderungen führen zu Veränderungen und "Zufallsmöglichkeiten". Versuche es.

5 - Sich weiter verbessern

Sieh dich als unfertige Arbeit. Man lernt nie aus. Bemühe dich, dich ständig zu verbessern. Ein guter Weg, dein Selbstwertgefühl zu verbessern, ist die Arbeit an deinen Stärken und die Verbesserung deiner Schwächen. Alles beginnt wieder damit, dass wir uns selbst betrachten und uns fragen, was wir an uns selbst ändern möchten oder was wir erreichen möchten.

Dann ist es Zeit, sich Ziele zu setzen. Realistische Ziele. Du solltest die Ziele allerdings ein wenig vergrößern.
Wenn du nicht der selbstbestrafende Typ bist, kannst du dir große Ziele setzen. Wenn du sie erreichst, großartig. Wenn nicht - auch großartig. Man feiert, wie weit man gekommen ist und geht dann weiter seinem Ziel nach. Wenn du eher der Selbstquäler-Typ bist, wenn du ein Ziel nicht erreichst, dann ist es besser, sich kleinere Ziele zu setzen. Sobald du dir deine Ziele gesetzt hast, mache dir einen einen Plan, wie du dorthin kommst und verfolge deine Fortschritte.

Ein schöner Nebeneffekt ist, dass der Wille, sich ständig zu verbessern, der Wille, weiter zu lernen, die Gewohnheit, immer wieder Fragen zu stellen, auch eine der beiden Eigenschaften ist, die außerordentlich erfolgreiche Menschen von anderen unterscheiden. Das andere ist der Glaube an sich selbst. Sich immer weiter verbessern. Die Belohnung ist wunderbar!

6 - Finde dein Ziel

Mark Twain hat einmal gesagt, dass "die zwei wichtigsten Tage in deinem Leben der Tag deiner Geburt sind und der Tag, an dem du herausfindest, warum". Mann, hatte er Recht.
Was ist deine Aufgabe? Warum bist du hier? Was würdest du tun, wenn der Erfolg garantiert wäre? Was würdest du tun, wenn du zehn Millionen Dollar und sieben Häuser hättest und zu all deinen Lieblingszielen reisen kannst? Die Beantwortung dieser Fragen wird dich zu deinem Ziel führen.
Wenn du das Gefühl hast, ohne Straßenkarte oder GPS zu fahren und nicht wirklich zu wissen, wohin du fahren sollst, oder wenn du nie ganz weißt, was du hier tust und warum, und du dich irgendwie

verloren und leer fühlst, dann ist das ein Zeichen, dass du deine Bestimmung noch nicht gefunden hast. Ich wette, du kennst deine Bestimmung bereits. Sie ist dir hin und wieder in den Sinn gekommen…

Du bist nicht allein. Die Sinnlosigkeit scheint in unserer Zeit zu einer Massenepidemie geworden zu sein. Das habe ich auch schon erlebt. Mach dir keine Sorgen. Es kann repariert werden. Lass uns daran arbeiten. Du kannst Hinweise auf deinen Zweck finden, indem du deine Werte, Fähigkeiten, Leidenschaften und Ambitionen untersuchen und sich ansehen, was du gut kannst. Habe den Mut, die folgenden Antworten über dich selbst zu beantworten und schreibe sie auf. Sie werden dich zu deinem Ziel führen. Sei ehrlich zu dir selbst. Niemand außer dir kann die Antworten sehen. Lass keine davon aus. Wenn du diese Fragen ehrlich beantwortest, wird sich alles ändern.

Wer ich bin?
Warum bin ich hier?
Was inspiriert mich?

Warum existiere ich?

Was will ich wirklich, wirklich, wirklich mit meinem Leben anfangen?
Wann fühle ich mich vollkommen lebendig?
Was tue ich, wenn die Zeit vergeht?
Was sind meine größten Stärken?
Was würde ich tun, wenn der Erfolg garantiert wäre?
Was würde ich tun, wenn ich zehn Millionen Dollar und sieben Häuser hätte und um die ganze Welt reisen würde?

Keine Sorge. Keinen Druck. Du musst dich nicht in etwas Neues stürzen, aber du kannst anfangen, mehr von den Dingen zu tun, die du liebst. Wenn du deine Bestimmung gefunden hast, werden die Dinge anfangen, sich zu arrangieren, und unglaubliche Dinge werden passieren. Du wirst anfangen, Menschen, Gelegenheiten und Ressourcen auf natürliche Weise anzuziehen. Nichts zieht den Erfolg mehr an als jemand, der das tut, was er gerne tut.

7 - Fehler sind unvermeidlich. Lernen ist optional.

Willst du das Geheimnis wissen, das dich dazu bringt, keinen einzigen Fehler mehr in deinem Leben zu machen? Ich auch! Leider gibt es dieses Geheimnis nicht.

Fehler sind unvermeidlich. Du wirst Fehler machen. Einige kleine und einige große. Einige werden dich sogar unglücklich machen. Aber selbst dann, in unseren dunkelsten Stunden, müssen wir uns daran erinnern, dass Fehler sehr wichtig für unser persönliches Wachstum sind und wir aus jedem einzelnen von ihnen lernen können.

Wenn wir das tun, können unsere Fehler eine unschätzbare Quelle für unsere Entwicklung sein. Jedes Mal, wenn du einen Fehler machst, eliminierst du eine falsche Lösung und machst einen Schritt vorwärts, um die richtige zu finden, wie Thomas Edison, der 10.000 Wege gefunden hat, wie die Glühbirne nicht funktioniert und Babe Ruth, den jeder Schlag seinem nächsten Homerun näher brachte.

Erlaube dir, Fehler zu machen, sich zu irren und du wirst mit Verbesserungsmöglichkeiten auf allen Ebenen belohnt, was deine Chancen, deine Ziele, deinen Erfolg und dein Wohlbefinden deutlich erhöht.

8 - Gebe nicht auf

Auf dem Weg zu einem gesunden Selbstwertgefühl können sich Hindernisse auftun. Mehr als einmal wirst du versuchen, aufzugeben und zu deinen alten Wegen zurückzukehren. Lass das!

Ich weiß, dass ich mich vielleicht wiederhole. Es ist nur so wichtig, dass du weiter an dich selbst glaubst und auch gegen Widerstände weiterarbeitest. Und Widerstand wird sich zeigen. Oft wird das Leben vor dem großen Durchbruch am unangenehmsten. Als ob das Leben, Gott, das Universum oder dein Verstand dich ein letztes Mal testen wollen, um zu sehen, ob es dir wirklich ernst ist mit deinem Ziel.

Sehr oft, wenn alles gegen dich zu gehen scheint, wenn Zweifel und Angst das Beste tun, um dich zum Aufgeben zu bewegen, wenn du kurz davor bist, aufzugeben, dann ist es, wenn du dem Sieg näher bist, als du dir je erträumt hast. Also, wenn du dich einer solchen Situation stellst, drücke einfach ein wenig mehr auf dein Ziel zu. Es ist dieser letzte Schub, der den Unterschied zwischen "Misserfolg" und Erfolg ausmachen kann.

Kennst du die Geschichte des Mannes, der auf der Suche nach Gold 10 Meter tief gräbt und dann aufgibt? Der Nächste, der zur Mine kam, grub nur einen halben Meter tiefer und fand ein massives Goldvorkommen. Es gibt hunderte solcher Geschichten. Sei nicht die Person, die kurz vor dem Jackpot aufgibt.
Thomas Alva Edison, einer der größten Erfinder in der amerikanischen Geschichte, bringt uns seinen todsicheren Weg zum Erfolg: "Der sicherste Weg zum Erfolg ist, es immer nur noch einmal zu versuchen." Wenn kurz davor bist, aufzugeben, denken an seine Worte und an die Worte von Mary Anne Radmacher, die uns das lehrt: "Mut brüllt nicht immer. Manchmal ist Mut die eine leise Stimme am Ende des Tages, die sagt: "Ich werde es morgen wieder versuchen.“

Nicht aufgeben.

9 - Scheitern ist eine Lüge

Wie hast du das Laufen gelernt? Wie hast du gelernt zu essen? Wie hast du gelernt zu zeichnen?

Indem ich es immer und immer wieder versuchte. Indem ich immer wieder hinfiel.

Hättest du das Laufen lernen können, ohne hunderte Male zu fallen? Das bezweifle ich. Weißt du noch, wie du als Kleinkind gegessen hast? Es brauchte etwas Übung, um so zu essen, wie du heute isst.
Als Kinder wissen wir das. Wir genießen die Freude am Lernen. Wir genießen es, zu fallen und wieder aufzustehen. Und dann, wenn man in ein bestimmtes Alter kommt und merkt, dass die Leute einem zusehen, geht es weg... Plötzlich will man ein bestimmtes Image aufrechterhalten. Plötzlich fängt man an, es zu vermeiden, anstatt es zu versuchen. Das berühmte "Was wäre, wenn" kommt rein. "Was ist, wenn ich scheitere?", "Was ist, wenn sie nein sagt?", "Was ist, wenn meine Klassenkameraden nicht mögen, was ich sage?" Und wir zahlen den Preis dafür. Dieses Problem der Nichtbewältigung beeinträchtigt unser Selbstwertgefühl, es beeinträchtigt unser Selbstvertrauen, es

beeinträchtigt unsere Belastbarkeit und es beeinträchtigt langfristig unser Glücksniveau.
Erinnere dich, wie du was gelernt hast! Du fällst, und dann stehst du wieder auf. Du triffst daneben und dann triffst du. Es gibt keinen anderen Weg. Es gibt keinen anderen Weg, um zu wachsen. Es gibt keinen anderen Weg, um zu lernen. Es gibt keinen anderen Weg, um belastbarer, glücklicher und erfolgreicher zu werden. Es ist Versuchen und Scheitern, Versuchen und Scheitern und Erfolg und Versuchen und Scheitern...

Deine Fehler als Feedback zu akzeptieren und aus ihnen zu lernen.
Wie der Harvard-Professor Tal Ben Shahar sagt:

"Lernen Sie, zu versagen oder zu lernen."

Du MUSST akzeptieren, dass du ab und zu scheitern wirst. Ich hoffe, du versagst viele Male! Versteh mich jetzt nicht falsch. Denn je öfter du scheiterst, desto öfter wirst du Erfolg haben.
Es ist ein Zahlenspiel.

Babe Ruth, eine der besten Baseballspielerinnen der Geschichte, sagte:

"Jeder Strike bringt mich dem nächsten Homerun näher."

10 - Fehler machen

In diesem Kapitel geht es darum, eine andere Herangehensweise an die Reise deines Lebens zu haben, an jeden Schritt des Weges und besonders daran, Fehler zu machen. Weißt du, dass der größte Fehler, den man machen kann, die Angst davor ist, einen zu machen?

Ich muss dich warnen. Selbst nach diesem Kapitel wirst du den Schmerz des Versagens nicht überspringen können, denn er ist unvermeidlich. Ich hoffe jedoch für dich, dass du einen rationaleren, hilfreicheren und ermächtigenderen Zugang zu Fehlern bekommen wirst.

Denke daran, dass du jedes Mal, wenn du versagst, jedes Mal, wenn du einen Fehler machst, etwas lernst, das für dein persönliches Wachstum notwendig ist und dir Informationen und Motivation gibt. Jeder Fehler, den du machst - wenn du aus ihm lernst - kann ein weiteres Sprungbrett zu deinem Erfolg werden.

Fehler sind nur dann ein Problem, wenn man nicht von ihnen lernt. Hör auf, dich für Fehler zu bestrafen. Quäle dich nicht, sage nicht, dass du dumm bist. Lerne daraus und mache weiter. Vermeide den Fehler zu glauben, dass du immer die falschen Entscheidungen triffst. Das wird dich nur verunsichern und die Möglichkeit erhöhen, neue Fehler zu machen.

Sei stattdessen nett zu dir selbst, wenn du einen Fehler machst. Das kommt vor. Lerne die Lektion und vermeide es, in Zukunft den gleichen Fehler zu machen. Das ist es. Einfach, nicht wahr? Sei bereit, Fehler zu machen. Sei auf den schlimmsten Fall vorbereitet. "Was passiert, wenn...?" Im schlimmsten Fall macht man also einen Fehler. Und was passiert dann? Man lernt. Es ist nicht angenehm. Es tut weh, aber du wirst wieder auf die Beine kommen - wie früher.

Mach das Beste aus dem, was dir passiert. Betrachte jeden Fehler als Gelegenheit zum Lernen, als Lernerfahrung oder als Sprungbrett.

11 - Schmerz ist vorübergehend, Leiden ist optional.

Lass uns ehrlich sein. Früher oder später passieren guten Menschen schlechte Dinge. Das ist ein Teil der Reise. Wir müssen es akzeptieren. Selbst die glücklichsten Menschen auf der Welt erleben negative Emotionen wie Traurigkeit, Wut oder Enttäuschung. Aber du hast die Wahl: Du kannst die schlechte Erfahrung auch nur als solche sehen: Als etwas Schreckliches, eine Katastrophe und leiden, oder du kannst nach der Lektion suchen, die diese Not enthält, sie für deine persönliche
Entwicklung nutzen und das Beste daraus machen.

Du kannst die traurigen Momente in deinem Leben nutzen, um dir beizubringen, die glücklichen Momente noch mehr zu genießen und für alles, was du im Leben hast, noch dankbarer zu sein.
Das Überwinden von Schwierigkeiten kann sogar dein Selbstwertgefühl und dein Selbstvertrauen stärken und wenn das nächste Mal eine schlechte Erfahrung auftaucht, weißt du bereits, dass du zurückkommen und stärker als je zuvor zurückkommen kannst, weil du es schon einmal getan hast. Wenn du die richtige Lektion lernst, kann es dich zu einem bescheideneren, geduldigeren,

einfühlsameren, belastbareren und sogar glücklicheren Menschen machen. Viele Male haben die glücklichsten Menschen die traurigsten persönlichen Geschichten in ihrem Leben gehabt.

Die Geschichte ist voll von Menschen, denen schreckliche
Dinge widerfahren sind und die dann das Beste aus dieser Erfahrung gemacht und ihre Spuren in der Menschheit hinterlassen haben. Der jüdische Psychologe Victor Frankl lehrte uns die ultimative Freiheit, basierend auf seinen schrecklichen Erfahrungen in einem deutschen
Konzentrationslager: "seine Haltung unter allen Umständen selbst zu wählen, seinen eigenen Weg zu wählen." Wenn das Leben Ihnen einen Curveball zuwirft, denke daran, dass
Schmerz unvermeidlich ist, aber das Leiden ist optional.

12 - Mache dich nicht wegen deiner Fehler fertig

Warum schmerzen uns unsere Fehler so sehr? Warum geben wir uns für unsere Fehler ständig die Schuld? Warum machen wir uns eigentlich selbst fertig wegen Fehlern, die nicht vorhersehbar waren? Warum fühlen wir uns schuldig für Probleme, gegen die wir unmöglich etwas tun konnten? Warum?

Lasse dich nicht auf diese Art von selbstzerstörendem und selbstschwächendem Verhalten ein. Das ist Gift für dein Selbstwertgefühl.

Wir sind bereits zu dem Schluss gekommen, dass Fehler unvermeidlich sind. Wenn man einen Fehler macht, ist es absolut sinnlos, sich deswegen aufzuregen. Man kann ihn sowieso nicht ändern.

Lerne einfach aus diesem Fehler. Wenn du erst einmal anfängst, aus deinen Fehlern zu lernen, hat es keinen Sinn mehr, sich darüber zu ärgern.

Wenn ich einen Fehler mache oder eine falsche Entscheidung treffe - und das passiert oft -, dann denke ich mir immer, dass es unter den gegebenen Umständen und mit den
Informationen, die ich zu diesem Zeitpunkt hatte, die einzige und beste Entscheidung war, die ich in diesem Moment treffen konnte, anstatt mich selbst zu verprügeln und ganz negativ zu werden. Es ist immer leicht, unsere Entscheidungen rückblickend

zu beurteilen und alle Informationen zu haben, aber die meiste Zeit haben wir einfach nicht alle Informationen, wenn wir die Entscheidung treffen müssen.
Diese Technik hilft mir, mich mit mir selbst zu arrangieren und zu lernen.

13 - Freeeeeeeeeeiheit!

Viele von uns auf unserer Reise legen viel zu viel Wert auf die Meinung anderer Menschen. Zwei der schlimmsten Fragen, die wir mit uns herumtragen - wahrscheinlich kommen sie von unseren Eltern, der Bildung und der Gesellschaft - sind: "Was werden andere Menschen von uns denken? Oder: "Was werden andere Menschen sagen?“

Ehrlich gesagt. Was wäre dein Leben ohne diese Fragen? Es wäre wahrscheinlich viel besser. Ich habe unzählige Menschen getroffen, die wegen dieser Fragen schlechte Beziehungen oder Jobs eingegangen sind oder in schlechten Beziehungen und schlechten Jobs geblieben sind.

Und was passiert dann? Wenn wir uns zu sehr darum kümmern, was andere Menschen von uns denken, werden wir anfangen, das Leben zu leben, das andere Menschen für uns wollen und nicht das Leben, das wir für uns selbst wollen. Wir tun, was sie wollen, statt was wir wollen; wir tun ständig Dinge, um die Bestätigung von anderen zu bekommen, nicht weil wir es gerne tun.

Je wichtiger die Meinung anderer Menschen für uns wird, desto mehr von unserer Freiheit geben wir weg; und desto weniger leben wir das Leben so, wie wir es wollen. Wir tun weniger von dem, was wir tun wollen, wir sagen weniger von dem, was wir sagen wollen, und wir denken sogar weniger von dem, was wir denken wollen, und wir zahlen unweigerlich den Preis dafür. Es ist unmöglich, ein gesundes Selbstwertgefühl zu entwickeln, während wir die Meinung anderer überbewerten und uns diese zu Herzen nehmen. Noch schlimmer wird unser Selbstwertgefühl, weil wir uns im schlimmsten Fall als weniger wertvoll empfinden als diejenigen, auf deren Meinung wir angewiesen sind. Es ist von größter Wichtigkeit, seine Freiheit (wieder) einzufordern und unabhängig von der Meinung anderer Menschen zu sein. Es ist ein tolles Leben. Du wirst es lieben!

14 - Kritik als Feedback nutzen

Erinnerst du dich an das Kapitel über Kritik und wie man sie nicht persönlich nimmt? Jetzt, wo es gesagt wird, ist noch mehr drin. Es gibt nur wenige Dinge, die mehr über deine Selbstwertgefühl aussagen als deine Reaktionen auf Kritik. Ist dir schon mal aufgefallen, dass wenn du mit dir selbst super zufrieden bist, die Kritik anderer Leute dich nur selten berührt? Andererseits sind wir, wenn unser Selbstwertgefühl ein wenig niedrig ist, eher sensibel gegenüber kritischen Kommentaren und sehen die Kritik anderer Leute als persönlichen Angriff.

Seien wir ehrlich. Kritik - auch wenn sie konstruktiv ist - tut ein wenig weh. Und das ist in Ordnung. Wenn ich ein Buch anfange, bin ich sehr sensibel für Kritik. Ich gebe nur Beispielkapitel an Leute weiter, von denen ich weiß, dass sie mir ein gutes Feedback geben werden, weil ich in der Anfangsphase eines neuen Buches nicht genügend Vertrauen habe. Später bin ich offener dafür, und jetzt nutze ich die Kritik, um meine nächsten Bücher besser zu machen.

Also, wenn ich mit ehrlicher, konstruktiver Kritik konfrontiert werde, nutze ich sie als Feedback und lerne daraus. Denke auch daran, dass, wenn jemand etwas kritisiert, was du tust, das nicht bedeutet, dass er dich als Person kritisiert. Wenn jemand negative Kommentare macht, nur um dich persönlich anzugreifen, nimm die Kommentare mit einem Lächeln auf - der beste Weg, einem Kritiker seine Zähne zu zeigen, ist ein Lächeln -, gehe zum Kapitel „Nimm Kritik nicht persönlich" und lies es noch einmal.

- Teil VI -

1 - Jetzt glücklich sein

Glück ist eine Reise, kein Ziel. Glück ist nicht etwas, das einem von außen widerfährt. Glück ist eine Gewohnheit, ein Geisteszustand. Glück ist so viele Dinge. Aber das Entscheidende und Wichtigste ist: Was bist DU für das Glück?

Neueste Studien haben herausgefunden, dass Glück nicht etwas ist, das einem von außen widerfährt. Es ist eine Wahl, die man trifft, aber sie erfordert Anstrengung. Die gute Nachricht ist: Es kann gelehrt werden. Es sind diese kleinen Gewohnheiten wie Dankbarkeit, Bewegung, Meditation, Lächeln und die Frage: "Was kann ich tun, um im gegenwärtigen Moment glücklicher zu sein?"
Du kannst jetzt glücklich sein! Glaubst du mir nicht? Doch, ich glaube dir. Schließ die Augen für einen Moment. Denke an eine Situation, die dich wirklich, wirklich glücklich gemacht hat. Erlebe diese Situation noch einmal in deinem Kopf. Fühle es, rieche es, höre es! Erinnere dich an die Aufregung und Freude! Und jetzt? Wie hat sich das angefühlt? Hat es funktioniert? Wie fühlst du dich jetzt? Glück

hängt nicht von deinem Auto, deinem Haus oder irgendetwas anderem in der Außenwelt ab. Du kannst hier und jetzt glücklich sein!

Die Wissenschaft hat herausgefunden, dass deine äußeren Umstände nur 10% deines Glückes ausmachen.
Überraschenderweise hat der Ort, an dem du geboren bist, wie viel du verdienst, wo du lebst, wo du arbeitest, einen eklatant geringen Einfluss auf dein Glück.

50% sind genetisch bedingt. Ja, manche Menschen werden glücklicher geboren als andere. Satte 40% deines Glücks können durch bewusste Aktivitäten beeinflusst werden. Hier kommt die Dankbarkeit, die langen Spaziergänge, die Meditation ins Spiel. Das bedeutet auch, wenn du weniger glücklich geboren wurdest, kannst du dein Glück durch diese absichtlichen Aktivitäten verbessern.

Schiebe dein Glück nicht auf die Zukunft, die neue Wohnung, das neue Auto, die Beförderung. Das Glück ist genau hier, genau jetzt. In einem Sonnenaufgang, im Lächeln deiner Kinder, in einem wunderschönen Musikstück, das du hörst.

Manchmal - wenn du aufhörst, dem Glück hinterher zu jagen und einfach nur still stehst, merkst du vielleicht, dass das Glück dir die ganze Zeit auf den Fersen ist.

Dein Glück - wie auch dein Selbstwertgefühl - hängt einzig und allein von dir ab. Andere Menschen mögen es auf bestimmte Weise beeinflussen, aber letztendlich bist es immer du, der entscheidet, wie glücklich du bist.

2 - Nett sein

Wie du andere behandelst, hängt sehr eng damit zusammen, wie du dich selbst behandelst. Also, sei nett! Es wird sich langfristig für dich auszahlen.

Emotionen sind ansteckend. Wissenschaftler haben herausgefunden, dass, wenn man drei Menschen in einen Raum zusammenbringt, der emotional ausdrucksstärkste von ihnen die anderen beiden mit seinen Emotionen "ansteckt" - das funktioniert in beide Richtungen: positiv oder negativ. Entscheide dich dafür, andere mit positiver Energie

anzustecken. Es wird nur vorteilhaft sein, denn wie sagt man so schön, "was rumgeht, kommt rum".
Du hast bereits die Kraft deiner gesprochenen Worte gelernt. Verwende deine Worte positiv, verwende sie, um Menschen zu stärken. Worte haben eine so bedeutende Wirkung. Es ist wissenschaftlich erwiesen, dass unsere Worte die Leistung anderer beeinflussen können. Du kannst die Mentalität einer Person verändern, was wiederum ihre Leistungen verändert. Wenn Forscher zum Beispiel ältere Menschen daran erinnern, dass das Gedächtnis mit dem Alter gewöhnlich abnimmt, schneiden sie bei Gedächtnistests schlechter ab als diejenigen, die nicht an dieses Detail erinnert wurden.

Sehe die Größe in anderen. Wenn du ihre Größe sehen kannst, trägst du tatsächlich zu dieser Größe bei. Der Pygmalion-Effekt lehrt uns, dass unser Glaube an das Potenzial einer Person dieses Potenzial weckt. Wenn wir glauben, dass unsere Kollegen, Freunde und Familienmitglieder mehr tun und mehr erreichen können, ist dies sehr oft der genaue Grund dafür. Leider funktioniert das auch umgekehrt - was sehr oft der Fall ist.

Versuche jedes Mal, wenn du jemanden triffst, die Größe zu sehen, die in dieser Person steckt. Fragen dich: "Was macht sie besonders? Was ist ihre Gabe?" Wenn du dich darauf konzentrierst, wirst du es entdecken. Es macht dich auch toleranter gegenüber nicht so freundlichen Menschen.

Du kannst sagen: "Ich bin sicher, sie haben tolle Eigenschaften, und heute haben sie nur einen schlechten Tag..." Sei nett! Und lass mich wissen, wie es für dich läuft.
P.S.: Nett zu sein, bedeutet nicht, dass man sich von anderen Menschen täuschen lassen muss oder zu allem Ja sagen muss. Nette Leute sagen auch nein oder es reicht.

3 - Sei vorbereitet

Ein bekanntes Sprichwort sagt, dass "Glück" ist, "wenn Vorbereitung auf Gelegenheit trifft". Es mag mehr dahinter stecken oder nicht, aber es schadet sicher nicht, vorbereitet zu sein. Erfahre alles, was es über deinen Job, über deine Branche, über deine Präsentation oder über das, was als nächstes auf deiner Liste steht, zu erfahren gibt. Wenn du vorbereitet bist und das Wissen hast, um es zu untermauern, wirst du dich viel sicherer fühlen, und dein Selbstwertgefühl wird steigen.

Selbst wenn wir super vorbereitet sind, gibt es immer etwas, das wir nicht wissen können. Sei bereit, es zuzugeben. Du musst nicht alles wissen.

Arbeite weiter an deiner persönlichen und beruflichen Entwicklung. Setze dich dafür ein, der beste Mensch zu werden, der du sein kannst. Bleib hungrig! Als Forscher außerordentlich erfolgreiche Menschen studierten, hatten diese zwei Eigenschaften gemeinsam, die sie von den anderen unterschieden. Zum einen glaubten sie an sich selbst. Sie glaubten, dass sie alles tun konnten und zweitens: Sie wollten immer mehr lernen. Sie stellten immer wieder Fragen. Sie lernten immer weiter.

Bleibe neugierig und lernbegierig, um neue Dinge zu lernen und sich zu verbessern. Je klüger du wirst, desto wertvoller wirst du für dein Unternehmen.

Lese Bücher, nimm an einem Workshop teil. Heute kannst du in einem zwei- oder vierstündigen Workshop die besten Tricks des Managements, der

Führung, des Zeitmanagements oder der Finanzplanung lernen, die dir für den Rest deines Lebens zugute kommen werden.

Ich mache es mir zur Gewohnheit, mindestens ein Buch pro Woche zu lesen, alle zwei Monate einen neuen Kurs zu kaufen und mich für mindestens zwei Seminare oder Workshops pro Jahr anzumelden. Was wirst du tun?

4 - Die Veränderung sein

Oft wäre das Leben so viel besser und einfacher, wenn die Menschen einfach nur ihr Verhalten ändern und mehr wie wir sein würden, nicht wahr? Oder noch besser, wenn sie die Welt so sehen würden wie wir. Oh, ja. Das wäre schön. Es wird aber nicht passieren. Man kann andere Menschen nicht ändern.

Punkt. Das ist einer der Hauptgründe, warum viele unserer Beziehungen bergab gehen. Wir treffen jemanden, wir denken "Sie werden sich ändern" oder noch schlimmer "Ich werde ihn oder sie ändern" und nachdem wir wertvolle Zeit und

Energie verschwendet haben, merken wir es: Sie haben sich nicht verändert. Sie werden sich nicht ändern, nur weil wir es wollen, egal ob wir weinen, uns ständig beschweren oder sogar bestrafen.
Sie werden sich nur ändern, wenn sie sich entscheiden, sich zu ändern. Einige werden sich vielleicht eine Zeit lang ändern, nachdem uns unser emotionaler Druck gelingt, aber in der Regel fallen sie relativ schnell wieder in ihr altes natürliches Verhalten zurück.

Also ist das Einzige, was man tun kann, mit gutem Beispiel voranzugehen. Die Leute tun normalerweise nicht, was du sagst, aber sie werden tun, was du tust. Du musst also die Veränderung sein, die du bei anderen sehen willst. Esse gesünder, bewege dich, sei höflicher, sei ein besserer Ehepartner, ein besserer Chef, sei immer pünktlich, sei positiv. Sei die Veränderung, die du in der Welt sehen willst.

Du kannst andere Menschen nicht ändern, ABER du kannst deine Einstellung zu ihnen ändern. Anstatt die Zeit damit zu verbringen, sie davon zu überzeugen, das zu tun, was du willst, ist es viel schneller und realistischer, deine Einstellung zu ihnen und ihre Handlungen und ihr Verhalten zu ändern. Glaube mir, wenn du dieses Konzept erst einmal akzeptiert hast, wirst du viele kleine Probleme aus deinem Leben auslöschen.

Denke daran:

1. Sei die Veränderung
2. Ändere deine Einstellung zu den Menschen, die du ändern willst

5 - Einen Unterschied machen - The Power of One

In einer Welt voller Probleme, Kriege, Skandale, Korruption, Terrorismus, Klimawandel und vielem mehr... was kannst du tun, um etwas zu verändern? Gibt es da etwas? Ja. Ich habe gute Neuigkeiten für dich. Du bist mächtiger als du denkst.

Wir unterschätzen generell unsere Macht, Veränderungen herbeizuführen. Ja. Eine Person kann wirklich einen bedeutenden Unterschied machen. Und warum? Weil jede Veränderung im Kopf einer einzelnen Person beginnt und sich dann ausbreitet. Und mein Freund... es dehnt sich exponentiell aus.

Wir unterschätzen unsere Fähigkeit, Veränderungen herbeizuführen, weil wir das Potential der Exponentialfunktion unterschätzen. Denke zum Beispiel an die exponentielle Natur von sozialen Netzwerken. Man sagt, dass wir innerhalb von sechs Graden der Trennung mit jedem auf diesem Planeten verbunden sind.

Du bist viel mächtiger als du denkst. Obwohl es viele Dinge auf dieser Welt gibt, die du nicht kontrollieren kannst, gibt es auch
Dinge, die du kontrollieren kannst. Du wirst die Weltverschmutzung nicht aufhalten, aber du kannst zu Fuß gehen, mit dem Fahrrad oder öffentlichen Verkehrsmitteln fahren oder deinen Müll trennen. Du kannst gesündere, nicht verarbeitete Lebensmittel wählen. Wenn du mit der Politik einer bestimmten Firma nicht zufrieden bist, kannst du aufhören, deren Produkte zu kaufen. Ja, bist nur einer. Aber wenn tausend Menschen das Gleiche tun, wird es sicher jemandem auffallen.

In diesen rauen Zeiten kannst du dich entscheiden, höflich zu jedem zu sein, den du triffst, unabhängig von seiner Hautfarbe oder Religion. Du kannst dich entscheiden, die 4 Quadratmeter um dich herum positiv zu beeinflussen. Was würde passieren, wenn jeder das tun würde?

Du kannst fünf Lächeln am Tag verschenken. Lächeln ist ansteckend und wenn jeder, den du beschenkst, fünf anderen Menschen ein Lächeln schenkt, lächelt im Nu die ganze Welt :-) Das gleiche passiert, wenn du den Leuten Komplimente machst oder dafür sorgst, dass sie sich gut fühlen. Wir beeinflussen die Menschen jede Minute unseres Lebens mit unseren Handlungen und Emotionen. Die einzige Frage ist: In welche Richtung werden wir es tun?

Nimm die Macht von EINEM an. Es wird sehr förderlich für dein
Selbstwertgefühl sein.

6 - Vergebe allen

Ein verzeihender Mensch zu sein, ist nicht nur gut für dein Selbstwertgefühl, sondern auch entscheidend auf deiner Reise zu Erfolg und Glück.

Das weiß ich. Warum jemandem verzeihen, der dir Unrecht getan hat? Weil es nicht darum geht, ob man richtig oder falsch liegt, sondern darum, dass es einem gut geht und man keine Energie verschwendet. Nachtragend oder wütend auf Menschen zu sein - oder noch schlimmer - Hass und Wut immer und immer wieder zu erleben, ist giftig. Es ist schlecht für eure Energie; es ist schlecht für eure Gesundheit, es ist schlecht für eure Beziehungen, also, tut euch selbst einen Gefallen und vergebt. Es mag schwer zu akzeptieren sein, aber du tust es nicht für die andere Person, sondern für dich selbst. Sobald du vergibst und loslässt, wirst du besser schlafen, du wirst deine gegenwärtigen Momente mehr genießen und eine große Last von deinen Schultern nehmen.
Man sagt, wütend auf eine Person zu sein, ist wie Gift zu trinken und zu hoffen, dass die andere Person daran stirbt. Mit anderen Worten, es ist verrückt und selbstschädigend.

Die negativen Gefühle, die du fühlst, werden deine Gesundheit und deinen Charakter verletzen - und noch schlimmer - deinen Fokus in den Wunden der Vergangenheit festzuhalten, könnte noch mehr unangenehme Erfahrungen in dein Leben bringen.

Eines ist jedoch klar. Anderen zu vergeben, bedeutet nicht, dass du dumm bist. Oder eine vergebende Person zu sein, bedeutet nicht, dass die Menschen dir das antun können, was sie wollen. Setze dir klare Grenzen und setze dem Verhalten anderer Grenzen. Vertreibe Menschen aus deinem Leben, die dich verletzt haben. Lass sie gehen, vergib ihnen, vergiss sie und mach weiter. Lerne aus der Erfahrung und sei offen für neue, bessere Erfahrungen, die noch kommen werden.

Rufe auch - auch wenn das etwas unangenehm sein mag - Menschen an, denen du Unrecht getan hast oder die du verletzt hast, und entschuldige dich ehrlich oder schreibe ihnen zumindest eine Nachricht.

7 - Vergebe dir selbst

Wenn es irgendeine Abkürzung zu einem gesunden Selbstwertgefühl gibt, ist es wahrscheinlich diese. Wenn du es schaffst, dir selbst zu verzeihen, bringst du dein Selbstwertgefühl auf eine viel höhere Ebene. Es geht um Freundlichkeit uns selbst gegenüber und

um Mitgefühl - nicht nur für andere, sondern auch für uns selbst.
(Verwechsle das nicht mit Selbstmitleid, das giftig ist).

Einer der Gründe für ein geringes Selbstwertgefühl ist, dass wir uns für etwas schuldig fühlen, das wir getan oder nicht getan haben, deshalb ist es wichtig, sich selbst zu vergeben. Wenn du das getan hast, wird dein Selbstwertgefühl steigen und du wirst auch besser in der Lage sein, anderen zu vergeben.
Seie dir selbst gegenüber vergebend, akzeptiere deine Fehler und verpflichte dich, diese nicht zu wiederholen, vergebe dir deine Schwächen (Du bist nur ein Mensch und musst nicht perfekt sein) und arbeite an deinen Stärken. Vergebe dir deine Sünden und wiederhole sie nach Möglichkeit nicht.

Um ein gesundes Selbstwertgefühl zu haben, musst du dein eigener bester Freund sein, dich selbst akzeptieren und dir selbst vergeben können. Wenn du das getan hast, wird der Rest folgen.
Die Veränderungen, die du sehen wirst, wenn du es schaffst, dir selbst zu vergeben, sind absolut erstaunlich! Manchmal gehen Krankheiten weg; manchmal klärt Selbstvergebung die letzte Energieblockade, um Reichtum in dein Leben

kommen zu lassen. Tut es einfach und beobachtet, was Vergebung in deinem Leben für dich tun wird.

8 - Nehme Ablehnung nicht persönlich

Eine der größten Ängste, die wir haben, ist die Angst vor Ablehnung. Wie viele Dinge versuchen wir gar nicht erst, weil wir Angst vor Ablehnung haben? Wir schicken das Angebot nicht ab. Wir sprechen nicht mit dem Fremden, der uns im Zug angelächelt hat. Wir fragen nicht nach dem Geschäft. Wir schicken unseren Lebenslauf nicht.

Die gute Nachricht ist: Du kannst lernen, mit Ablehnung umzugehen. Du musst es lernen. Ab und zu wirst du abgelehnt werden. Das ist unvermeidlich. Und es ist ok. Stell dir vor, wie langweilig das Leben wäre, wenn du nie zurückgewiesen werden würdest…

Je höher dein Selbstwertgefühl, desto geringer deine Angst vor Ablehnung, und je geringer deine Angst vor Ablehnung, desto höher dein Selbstwertgefühl. Sei dir bewusst, dass die Angst vor Ablehnung vielleicht nur ein Film ist, der sich in deinem Kopf abspielt, und nimm Ablehnungen vor allem nicht persönlich. Ablehnung hat nichts mit deinem inneren Wert als Person zu tun.

Das Lustige daran ist, wenn du zurückgewiesen wirst, ist eigentlich nichts passiert. Wenn du jemanden um ein Date bittest und er oder sie nicht mit dir ausgehen will, hat sich eigentlich nichts geändert. Er oder sie ging vorher nicht mit dir aus und er oder sie geht auch jetzt nicht mit dir aus. Wenn du einen Verkauf machen willst und der Kunde nicht kaufen will, ist eigentlich nichts passiert. Wenn du dich um einen Job bewirbst und du ihn nicht bekommst. Es ist eigentlich nichts passiert. Du hattest den Job vorher nicht und jetzt hast du ihn immer noch nicht. Die Ablehnung ist nicht das Problem. Dein inneres Selbstgespräch nach der Ablehnung ist das Problem: "Ich bin einfach nicht gut genug. Ich wusste, dass ich es vermasseln würde. Mutter/Vater hatte Recht. Ich werde nie etwas im Leben erreichen“.

Nimm die Ablehnung nicht persönlich und versuche es weiter. In den letzten zwei Jahren wurde ich so oft abgelehnt, dass ich es nicht einmal mehr zählen kann. Und es tat weh - ich werde dich nicht anlügen. Aber ich habe es weiter versucht und mit Geduld und Ausdauer hat es schließlich geklappt. Ich wurde von Dutzenden von Verlegern abgelehnt.

Wenn du täglich 100 "Nein" hören musst, um fünf Verkäufe zu machen, würdest du es tun? Das Problem ist, dass viele Leute nicht bereit sind. Es ist ein Zahlenspiel.

Sei auf eine Ablehnung vorbereitet. Setze dich damit auseinander, wenn sie kommt, und mache weiter. Wenn dir jemand sagt: "Nein, danke", denke einfach: "Nächstes Mal."

9 - Die Vergangenheit loslassen

Das Loslassen der Vergangenheit und das Lernen aus dem vergangenen Verhalten ist entscheidend für die Entwicklung eines gesunden Selbstwertgefühls. Sich schuldig zu fühlen wegen Dingen, die man getan hat, oder in Situationen stecken zu bleiben, die bereits vergangen sind, ist kein Lernen aus der Vergangenheit. Jeder Moment, den du in deiner Vergangenheit verbringst, ist ein Moment, den du aus deiner Gegenwart und Zukunft stiehlst. Du kannst nicht in der Gegenwart funktionieren, während du in der Vergangenheit lebst. Kein Verstand der Welt kann mit zwei Realitäten auf einmal fertig werden.

Hänge nicht im Drama, indem du es endlos wiederholst. LASS ES LOS! Es ist vorbei. Konzentriere dich stattdessen auf das, was du willst. Du kannst es nicht mehr ändern. Was du tun kannst, ist deine Gegenwart mit einem höheren Bewusstsein zu leben, in dem Wissen, dass dies deine Zukunft prägen wird.

Nur wenn du es wagst, das Alte loszulassen, kannst du offen sein für neue Dinge, die in dein Leben treten. Verschwende deine Zeit nicht damit, über Dinge nachzudenken, die in der Vergangenheit hätten passieren können oder sollen oder die nicht so gelaufen sind, wie du es wolltest. Das macht keinen Sinn! Dein Leben spiegelt das wider, worauf du dich vorherrschend konzentrierst. Wenn dein Fokus hauptsächlich auf deine Vergangenheit gerichtet ist, auf das "könnte, sollte, würde", wirst du in der Gegenwart ständig frustriert, ängstlich und verwirrt sein. Das ist ein viel zu hoher Preis, den du zahlen musst.

Lerne aus deinen vergangenen Erfahrungen und mache weiter. Das ist alles, was du von jetzt an tun musst. Einfach, nicht wahr? Das bedeutet, deine Fehler zu erkennen und - nach bestem Wissen und Gewissen - nicht zu wiederholen.

Konzentriere dich auf das, was du in Zukunft gut machen willst und nicht auf das, was in der Vergangenheit schief gelaufen ist. Du musst das unbedingt loslassen.

Lass alten Ballast los, beende unerledigte Angelegenheiten und schließe mit den Menschen ab. Sich über das, was du getan hast, zu quälen, sich schuldig zu fühlen, sich zu schämen oder sogar unwürdig zu fühlen, ist eine reine Verschwendung von wertvoller Zeit und Energie. Diese negativen Emotionen werden dich nur daran hindern, die Gegenwart zu genießen. Nutze deine Erinnerungen, aber lasse dich nicht von deinen Erinnerungen benutzen. Vervollständige die Vergangenheit, damit du die Gegenwart genießen kannst.

Nimm von nun an die Denkweise an, dass du deine Angelegenheiten immer beenden wirst. Lasse nichts

Unvollständiges in deinen Beziehungen, deiner Arbeit und allen anderen Bereichen liegen. Vergebe dir selbst und gehe mit einer positiven Einstellung vorwärts.

10 - Sei nicht eifersüchtig

Reden wir über ein wirklich giftiges Gefühl. Eine Emotion, die Menschen mit hohem Selbstwertgefühl nicht haben... oder zumindest nicht sehr oft. Eifersucht. Es ist eine völlig nutzlose Emotion. Zunächst einmal hat Eifersucht oder Neid auf den Lebensstil, das Geld, das Aussehen oder die Freunde anderer Menschen keinen Nutzen für dich. Zum Beispiel bringt Eifersucht auf das Geld anderer Leute dir nicht das Geld. Eifersüchtig auf das Aussehen anderer Menschen zu sein, wird dich nicht attraktiver machen.

Die ständigen negativen Emotionen von Eifersucht und Neid werden dich unglücklich machen, und du kannst noch mehr Elend in dein Leben "ziehen". Sie fördern nicht nur Unzufriedenheit und Not - Eifersucht zum Beispiel kann die Stresshormone in deinem Körper erhöhen. Mit der Zeit führen sie zu

Groll und Bitterkeit und veranlassen uns, Dinge zu tun, die wir normalerweise nicht tun würden.

Im schlimmsten Fall können wir in eine Abwärtsspirale geraten, die in einer Depression endet. Psychologisch gesehen sind Eifersucht und Neid mit einem niedrigen Selbstwertgefühl und unsicheren Menschen verbunden.

Was kann man also tun, um diese Gefühle zu überwinden und - noch besser - wie kann man sie positiv nutzen - zum Beispiel als Motivation und Inspiration? Du wirst es vielleicht nicht glauben, aber ich war lange Zeit meines Lebens eifersüchtig und neidisch auf andere Menschen. Ja. Als ich meine Perspektive änderte, fing ich an, mich davon zu lösen. Und so habe ich es geschafft:

Werde dir bewusst, wenn sich die Gefühle von Eifersucht und Neid in deinen Geist einschleichen, erkenne, dass das Gefühl von Eifersucht oder Neid eine Zeitverschwendung ist und lenke sie dann um. Ersetze sie durch positive Gedanken und frage dich: "Warum fühle ich jetzt so?" Bist du zum Beispiel neidisch auf die Beförderung eines Kollegen. Anstatt verbittert zu werden, fragen dich: "Was kann ich tun, um befördert zu werden?" Akzeptiere, dass diese Gefühle vorhanden sind und es ist in Ordnung, ab und zu Gefühle von Neid und Eifersucht zu haben. Das ist völlig menschlich. Denke daran, dass es die eine Sache ist, diese Gefühle von Eifersucht und Neid zu haben, während es eine ganz andere Sache ist, sich wie eine eifersüchtige Person zu verhalten. Gedanken des Neides machen dich nicht zu einem schlechten Menschen. Das ist menschlich. Die Frage ist, wie man sich als Folge davon verhalten will.

Liebe dich selbst. Meine Verbesserung begann, als ich irgendwo las, dass Eifersucht ein Zeichen von geringem Selbstvertrauen und geringem Selbstwertgefühl ist. Also erinnerte ich mich jedes Mal, wenn ich eifersüchtig wurde, daran, dass dies ein Zeichen für geringes Selbstbewusstsein ist und dass ich daran arbeiten muss. Je mehr du dich selbst liebst, desto wohler fühlst du dich mit dir selbst, desto höher ist dein Selbstwertgefühl, desto weniger eifersüchtig und neidisch wirst du. Höre auf zu vergleichen. Übe stattdessen Dankbarkeit. Zähl stattdessen deinen eigenen Segen.

Wahrscheinlich kann dich diese Übung allein von Eifersucht und Neid "heilen" - wenn du sie drei bis vier Wochen lang praktizierst (siehe Kapitel „Nimm eine Haltung der Dankbarkeit ein").
Umgeben dich mit sicheren und selbstbewussten Menschen und verbringe etwas Zeit mit dankbaren Menschen, während du dich von giftigen Menschen fern hältst. Hänge nicht mit Menschen herum, die nur schlechte Schwingungen aussenden, die ständig schlecht über andere reden und Eifersucht und Hass verbreiten. Fange an, das Glück und den Erfolg anderer zu feiern. Ob dein Kollege eine Beförderung bekommt oder dein bester Freund einen neuen Partner hat, oder wann immer jemand etwas bekommt, was du dir wünschst... Freue dich wirklich für ihn. Der Erfolg deiner Freunde oder Kollegen bedeutet nicht, dass du scheiterst.

11 - Passe auf und genieße dein Leben, während es passiert

Es ist sehr wichtig, den gegenwärtigen Moment zu genießen. Wenn du das nicht tust, dann geht das Leben an dir vorbei, und du wirst es nicht einmal bemerken, weil du nie genau hier, im gegenwärtigen Moment, bist bzw. warst.

Wenn du arbeitest, denkst du an das Wochenende. Am Wochenende denkst du an all die Dinge, die du am Montag erledigen musst. Wenn du die Vorspeise isst, denkst du an den Nachtisch, und wenn du den Nachtisch isst, denkst du an die Vorspeise. Das Ergebnis ist, dass man weder das eine noch das andere in vollen Zügen genießen kann.
Wenn man so lebt, kann man nie seinen Kraftpunkt genießen, den einzigen Moment, der zählt - den gegenwärtigen Moment. Eckart Tolle hat ein ganzes Buch darüber geschrieben, das ich dir sehr empfehlen kann.

Denke darüber nach: Hast du ein Problem damit, einfach nur im Moment zu sein?
Nein, hast du nicht. Du hast ein Problem, wenn du an die Vergangenheit denkst, oder wenn du an die Zukunft denkst. Du hast vielleicht in einer Minute ein Problem, wenn du wieder anfängst zu denken und dir Sorgen zu machen, aber jetzt in diesem Moment hast du keine Probleme.
Lebest du ständig mit Schuldgefühlen für deine vergangenen Handlungen und mit der Angst vor einer unbekannten Zukunft? Viele Menschen

machen sich ständig Sorgen über Dinge in der Vergangenheit, die sie nicht ändern können, oder über Dinge in der Zukunft, die - was noch lustiger ist - meistens nie passieren. Währenddessen verpassen sie das JETZT, und alles, was du jemals hast, ist das Jetzt. Sei präsent und genieße die Reise. Wenn die meisten deiner gegenwärtigen Momente gut sind, wird deine Zukunft automatisch brillant sein.

12 - Du bist nicht, was dir in deiner Vergangenheit passiert ist

Egal, was in deiner Vergangenheit passiert ist, du bist nicht deine Vergangenheit.

Egal, was die Leute - oder du selbst - dir vielleicht sagen... ...du bist nicht deine vergangenen Gewohnheiten.
...ihr seid nicht eure vergangenen Fehlschläge.
...ihr seid nicht, wie andere euch behandelt haben.
Du bist, wer du glaubst, zu sein. In diesem Moment.
Du bist, was du jetzt tust, in diesem Moment.

Egal, was in deiner Vergangenheit passiert ist. Deine Zukunft ist ein sauberes Blatt. Im Moment kannst du Entscheidungen treffen, dein Leben so oder so zu leben. Im Moment kannst du dich entscheiden, in welche Richtung du gehen willst.
Wirst du den einfachen Weg gehen? Den Weg des Opfers, das allen anderen die Schuld für das gibt, was in deinem Leben passiert ist? Oder wirst du dein Leben selbst in die Hand nehmen, den weniger befahrenen Weg gehen, eine positive Einstellung einnehmen und das Beste aus allem machen, was dir in deinem Leben passiert?

Du kannst dich sofort neu erfinden. Jeder Tag bringt die Chance mit sich, ein neues Leben zu beginnen. Das Schöne daran ist, dass du in jedem Moment deine Identität wählen kannst. Wer wirst du sein? Was wirst du tun? Es liegt an dir, zu entscheiden, wer du von diesem Tag an sein wirst.

Du bist der Autor, Regisseur und Hauptdarsteller deiner Geschichte. Wenn dir also die Geschichte nicht gefällt, dann ändere sie! Deine Entscheidungen und deine Einstellung bestimmen dein Leben.

Wenn du einige der Dinge tust, die in diesem Buch vorgeschlagen werden, neue Gewohnheiten schaffst und nur einige der vielen Übungen machst, die du hier ständig finden wirst, werden sich die Dinge verändern. Es wird nicht einfach sein und wirst Disziplin, Geduld und Ausdauer brauchen. Aber die Ergebnisse werden kommen.

13 - Gebe das Verweilen in der Vergangenheit oder die Sorge um die Zukunft auf

Dieses Zitat des Dalai Lama sagt alles, was du über das Sorgenmachen wissen müssen. Lese genau, was er sagt.

"Wenn ein Problem behebbar ist, wenn eine Situation so ist, dass man etwas dagegen tun kann, dann gibt es keinen Grund zur Sorge. Wenn es nicht behebbar ist, dann gibt es keinen Grund zur Sorge. Es gibt keinen Nutzen, sich überhaupt Sorgen zu machen."

Die meisten von uns machen sich ständig Sorgen. Entweder über Dinge, die in der Vergangenheit passiert sind, die wir nicht in Ordnung bringen können, oder über Dinge in der Zukunft, von denen wir nicht einmal wissen, ob sie jemals passieren werden, oder über Dinge, über die wir keine Kontrolle haben, wie die Wirtschaft, Kriege und Politik.

Ich weiß nicht, wie es dir geht, aber in meinem Leben sind die meisten Dinge, über die ich mir Sorgen gemacht habe, nie passiert. Die Dinge, die passierten, waren weit weniger katastrophal, als ich mir vorgestellt hatte, und die wirklich schlimmen Dinge - der Tod von geliebten Menschen, Unfälle, Krankheit - kamen immer unerwartet und dann, wenn ich mir am wenigsten Sorgen machte.
Man kann weder die Vergangenheit noch die Zukunft ändern, egal wie sehr man sich Sorgen macht. Und Sorgen machen die Dinge auch nicht besser, oder? Manchmal macht es die Dinge sogar noch schlimmer, und das Schlimmste ist, dass man während man sich Sorgen macht, die Kostbarkeit des gegenwärtigen Moments verliert.

Hier ist eine kleine Übung: Nimm einen Stift und Papier. Und zwar sofort.

Bereit?

Schreibe alle deine Sorgen auf. Alle. Hast du eine lange Liste? Nun, streiche alle Sorgen durch, die mit der Vergangenheit und den vergangenen Handlungen zusammenhängen und nicht behoben oder verändert werden können.

Als Nächstes streiche alle Sorgen durch, die in Zusammenhang mit der Zukunft, die wahrscheinlich nie geschehen wird, stehen.

Drittens, streiche alle Sorgen durch, die sich außerhalb deiner Kontrolle befinden.

Streiche auch die Sorgen durch, die mit den Meinungen anderer Menschen zusammenhängen, die dir nicht einmal wichtig sind.

Ok. Sieh dir jetzt deine Liste an. Alles, was nicht gelöscht wird, sind Dinge oder Aufgaben, die deine Aufmerksamkeit benötigen. Wie viel von deiner langen Liste ist noch übrig? Aus Erfahrung würde ich sagen, maximal. 10%.

Das bedeutet, dass die anderen 90% Dinge sind, gegen die du nichts tun kannst, und du kannst sie genauso gut fallen lassen, denn sie nehmen nur Platz in deinem Gehirn ein und saugen an deiner Energie.

Wie würde es sich anfühlen, wenn du diese 90 % eliminierst?

14 - Zeige allen Freundlichkeit und Respekt

Denke daran, dass jede Person, der du auf deiner Lebensreise begegnest, eine Geschichte hat. Wahrscheinlich haben sie etwas durchgemacht, das sie gezwungen hat, zu wachsen und sie zu verändern. Vergesse nicht, dass jede Person, der du auf der Straße begegnest, wahrscheinlich eine Geschichte hat, die so fesselnd und kompliziert ist wie deine eigene. Jeder, den du triffst, ist so außergewöhnlich wie du selbst - auch wenn es auf den ersten Blick nicht so aussieht.

Das Mindeste, was du tun kannst, ist, ihnen eine Chance zu geben. Gebe ihnen die Chance, ein Teil deines Lebens zu werden oder zu interagieren, ohne sie sofort zu verurteilen und zu verwerfen - jeder hat etwas zu bieten.

Einige meiner besten Freunde sind Menschen, bei denen ich beim ersten Treffen dachte: "Was für ein seltsamer Mensch" oder "Er scheint nicht sehr intelligent zu sein". Wäre ich bei diesen oberflächlichen Urteilen geblieben, hätte ich große Freundschaften verpasst. Wenn ich auf mein Leben zurückblicke, stelle ich fest, dass die größten Erfahrungen in meinem Leben darin bestanden, Menschen eine Chance zu geben, auch wenn mein erster Eindruck mir davon abriet.

Natürlich war auch mein erster Eindruck oft richtig, und ich war am Ende enttäuscht. Das ist ein Preis, den ich bereit bin, für die guten Erfahrungen zu zahlen, die man macht, wenn man Menschen eine Chance gibt. Wenn sie dieser Chance gerecht werden, großartig! Wenn nicht, ist es ihr Problem.

Behandle jeden mit Freundlichkeit und Respekt. Jeder verdient es, auch die, die unhöflich zu dir sind. Die Unhöflichen und die Wütenden sind wahrscheinlich diejenigen, die deine Freundlichkeit am meisten brauchen. Wenn die Leute unhöflich zu dir sind, ist das deren Problem, nicht deins. Sei nett. Wenn du jeden mit Geduld und Respekt behandelst, werden sie deine Freundlichkeit bemerken und es kommt alles wieder in Ordnung. Wenn du nett bist, wirst du langfristig nette Menschen in dein Leben ziehen.

Ein guter Trick ist, dass wenn jemand unhöflich ist, man immer netter wird, und je unhöflicher er wird, desto netter wird man selbst. Das funktioniert in 99% der Fälle, denn am Ende gewinnt man ihre Sympathie. Sie sind das nicht gewöhnt, weil sie sich normalerweise von Menschen ernähren, die defensiv und wütend auf sie werden.

Sei nett. Das ist es wert. Nett zu Menschen zu sein, ist großartig für dein Selbstwertgefühl, denn du wirst denken: "Ich behandle Menschen nett, ich muss ein netter Mensch sein." Und dann, weil "Selbstkonzept ist Schicksal", wird dein Selbstwertgefühl steigen.

- BONUSKAPITEL -

Die wichtigste Stunde.

Die wichtigste Stunde deines Tages setzt sich aus den dreißig Minuten nach dem Aufwachen und den dreißig Minuten vor dem Einschlafen zusammen. In dieser Zeit ist dein Unterbewusstsein sehr aufnahmefähig. Es ist von großer Bedeutung, was du in dieser Zeit tust. Diese Stunde ist entscheidend für dein Selbstwertgefühl und deinen Erfolg.

Die Art und Weise, wie du deinen Tag beginnst, wird einen großen Einfluss darauf haben, wie sich der Rest des Tages entwickelt. Ich bin mir sicher, dass du schon Tage hattest, die auf dem falschen Fuß angefangen haben und von da an immer schlimmer wurden - oder das Gegenteil, wo du mit dem Gefühl aufgewacht sind, dass alles nach deinen Vorstellungen gehen wird und es dann auch tat. Deshalb ist es wichtig, den Tag gut zu beginnen. Die meisten von uns haben es von der ersten Minute nach dem Aufwachen einfach nur eilig, und so entfalten sich unsere Tage. Kein Wunder, dass die meisten Leute heutzutage gestresst herumlaufen.

Was würde es dir bringen, jeden Morgen 30 Minuten oder eine Stunde früher aufzustehen?

Was wäre, wenn du, anstatt sich zu beeilen und dein Frühstück herunterzuschlingen oder es sogar auf dem Weg zur Arbeit zu essen, aufstehen und dir eine halbe Stunde für sich selbst nehmen würdest? Vielleicht schaffst du es sogar ein kleines Morgenritual mit einer 10 oder 15-minütigen Meditation. Schau, was das für dein Leben bedeuten könnte, wenn du es zur Gewohnheit machst. Hier sind einige Aktivitäten für das Morgenritual. Versuche es!
Denke positiv: Heute wird ein toller Tag werden! Erinnere dich für 5 Minuten daran, wofür dankbar bist.

15 Minuten Ruhezeit.

Stelle dir den Tag vor, der gleich sehr gut anfängt. Beobachte einen Sonnenaufgang.

Gehe laufen oder gehe spazieren.
Schreibe in dein Tagebuch.
Die letzte halbe Stunde des Tages hat die gleiche Bedeutung.

Die Dinge, die du in der letzten halben Stunde vor dem Schlafen tust, bleiben während des Schlafes in deinem Unterbewusstsein. Dann ist es also an der Zeit, Folgendes zu tun:

Schreibe wieder in dein Tagebuch.

Jetzt ist es Zeit, über deinen Tag nachzudenken. Was hast du toll gemacht? Was hättest du noch besser machen können? Plane den morgigen Tag im Voraus. Was sind die wichtigsten

Dinge, die du morgen erledigen willst?

Mache eine Aufgabenliste für den nächsten Tag.

Stelle dir deinen Idealtag vor.

Lese ein paar inspirierende Blogs, Artikel oder Kapitel eines Buches. Höre Musik, die dich inspiriert.

Ich rate dir dringend ab DIE NACHRICHTEN oder Filme anzusehen, da diese dich vor dem Schlafengehen aufregen könnten. Das liegt daran, dass du beim Einschlafen sehr empfänglich für Vorschläge bist. Deshalb ist es viel vorteilhafter, positives Material zu hören oder zu sehen.

Die Planung im Voraus und die Liste der Dinge, die du tun musst, kann dir immense Vorteile und Zeitersparnis bringen.

Die Dinge, die du zu tun hast, sind bereits in deinem Unterbewusstsein und du kannst am nächsten Tag sehr konzentriert arbeiten, wenn du bereits weißt, was deine Prioritäten sind.

- *Schlusswort* -

Millionen von Menschen auf der ganzen Welt leiden unter geringem Selbstwertgefühl. Du bist nicht allein.

Ich hoffe, dieses Buch hat dir geholfen zu verstehen, dass du genug bist!

Zu wissen, dass du es kannst, zu wissen, was du es gut kannst, und zu wissen, dass du es verwirklichen kannst.

Liebe dich selbst, wie du deine Nachbarn und du deine Freunde liebst und sei extrem nett zu dir selbst.

Mache die Übungen aus diesem Buch, die für dich am besten funktionieren und wiederhole sie oft es nur geht.

Ein hohes Maß an Selbstwertgefühl und Selbstvertrauen wird dir helfen, mit jeder Situation umzugehen und die besten Maßnahmen zu ergreifen.

Du wirst besser in der Lage sein, mit unerwarteten und unerwünschten Ereignissen umzugehen. Deine persönlichen Beziehungen werden sich verbessern, da du besser kommunizieren kannst und du weißt, dass es manchmal besser ist, nicht Recht zu haben, sondern in Frieden zu leben.

Dein besseres Selbstwertgefühl wird dazu führen, dass du erfolgreicher wirst, bessere Beziehungen haben und noch gesünder wirst.

Ich hoffe, dass du jetzt von der Kritik und den Urteilen anderer Menschen befreit bist und deine Gedanken, Gefühle, Werte und Meinungen besser ausdrücken kannst.
Du hast gelernt, dass dein Selbstwert nicht von außen - von der Akzeptanz anderer - sondern von innen kommt.

Und das ist etwas, über das du die Kontrolle hast. Mit dem Wegfall von Selbstzweifeln und Selbstquälerei kannst du dich auf deine Stärken konzentrieren und du wirst mehr Glück und Freude in allen Bereichen deines Lebens erfahren.
Es war mir eine Ehre, dich auf deiner Reise zu begleiten. Jetzt gehe üben, üben, üben und steigere dein Selbstwertgefühl.

- Impressum -

Sophia Caruso wird vertreten durch:
Kim Petersen, Hasenhof 7, 24941 Flensburg
Coverdesign: 99designs

Printed in Poland
by Amazon Fulfillment
Poland Sp. z o.o., Wrocław

64821914R00112